Olga Swerlowa

Grammatik im Gespräch

Arbeitsblätter für den Deutschunterricht

Langenscheidt

Berlin · München · Wien · Zürich · New York

Umschlaggestaltung und Innenseitenlayout: Kommunikation + Design, München

Redaktion: Elisabeth Graf-Riemann

Illustrationen: Theo Scherling

Umwelthinweis: gedruckt auf chlorfrei gebleichtem Papier

Satz: Franzis print & media GmbH, München
Druck: H. Heenemann, Berlin
Bindung: Stein + Lehmann, Berlin

Printed in Germany

ISBN 978-3-468-49497-0

1. 2. 3. 4. 5. * 12 11 10 09 08

Vorwort

Grammatik im Gespräch ist ein Übungsbuch mit kopierfähigen Arbeitsblättern für jugendliche und erwachsene Lernende, die ihre grammatischen Kenntnisse vertiefen oder gezielt auffrischen und ihre Sprechfertigkeit in spezifischen thematischen Kontexten verbessern wollen. Die abwechslungsreichen Übungen eignen sich für den Einsatz im Unterricht oder als zusätzliches Hausaufgabenangebot. Das Übungsangebot kann begleitend zu jedem Grundstufenlehrwerk eingesetzt werden. Es ist auch für Selbstlernende geeignet.

Themen und Aufgabenstellungen in **Grammatik im Gespräch** berücksichtigen eine breite Palette von unterschiedlichen Lernerinteressen aller Altersgruppen und garantieren abwechslungsreiches Lernen. Langjährige Unterrichtserfahrung hat gezeigt, dass die Lernenden leichter und effektiver lernen, wenn grammatische Strukturen in ein aktuelles und interessantes Thema aus der konkreten Lebenswelt der Lernenden eingebettet sind. In diesem Sinne setzt das vorliegende Übungsbuch den Ansatz der bewährten Bände **Grammatik & Konversation 1** und **2** fort: Grammatische Strukturen sind Mittel zum Zweck, eigene Erfahrungen und Interessen mitzuteilen. **Grammatik im Gespräch** erweitert den bestehenden Ansatz und bietet ein breiteres Übungsangebot zu jeder thematischen Einheit, ermöglicht damit intensivere und effektivere Vor- oder Nachbereitung eines Themas und bietet Selbstlernenden und Unterrichtenden eine breitere Auswahlmöglichkeit an unterstützendem Übungsmaterial zu einem Thema.

Grammatik im Gespräch orientiert sich an den Niveaustufen des „Gemeinsamen europäischen Referenzrahmens für Sprachen“ bzw. an „Profile deutsch“ und enthält Material für die Niveaustufen A1, A2, B1 und B2. Die Übungsblätter sind sowohl für die Arbeit in der Grundstufe als auch zur Wiederholung und Festigung für fortgeschrittenere Lernende auf dem Niveau des „Zertifikat Deutsch“ geeignet. Sie sind nach grammatischen Themen geordnet und, falls nötig, innerhalb eines Themas von A1 bis B2 gestaffelt (s. Übersicht auf S. 8 ff.). Arbeitsblätter oder einzelne Übungen können auch nach inhaltlichen Themen ausgewählt werden und so z.B. ein Unterrichtsthema inhaltlich und in Bezug auf Wortschatz und grammatische Strukturen, die im Gespräch benötigt werden, vertiefen.

Grammatik im Gespräch bietet 45 themenbezogene Übungssequenzen zu zentralen grammatischen Themen, die als Doppelseiten konzipiert sind. Jede Doppelseite ist so aufgebaut:

In der Kopfzeile finden Sie die *Nummer des Arbeitsblatts* und das grammatische Thema (z. B. ***INFINITIV MIT „ZU“***), unterhalb der Kopflinie den (inhaltlichen) *Titel*.

Zu jedem inhaltlichen und grammatischen Thema gibt es ein Angebot von vier bis sechs stark gelenkten Übungen, in denen es um die korrekte Verwendung und Einübung der Strukturen geht. Die Aufgaben können schriftlich oder mündlich gemacht werden. Viele eignen sich auch für die individuelle schriftliche Bearbeitung. Übungen, die besonders für eine mündliche Durchführung geeignet sind, haben wir mit einem Symbol gekennzeichnet. Die Symbole sind lediglich als Vorschläge zu verstehen.

 = mündliche Aufgabe  = Konversation

Einige Übungen beginnen mit einem kurzen *Einführungstext*, der die Lernenden für das Thema sensibilisieren und ihnen den Einstieg erleichtern soll, und einem *Beispielsatz*. Die Aufgabenstellung finden Sie in der *Randspalte*. Die Übungen sind zur besseren Orientierung durchnummeriert, sie folgen jedoch keiner Progression im Schwierigkeitsgrad. Das bedeutet, dass Lehrende wie Lernende sich nicht an die vorgegebene Reihenfolge halten müssen, sondern die für sie passenden Übungen frei wählen können. Zu den Übungen gibt es im Anhang des Buches (S.100 ff.) Lösungsvorschläge, die für Selbstlernende eine eigenständige Kontrolle ermöglichen.

Am Ende jeder Doppelseite wenden die Lernenden die eingeübten und gefestigten Strukturen in einer freieren Übung an, indem sie ihre Meinung zu einem Thema äußern und begründen, von eigenen oder für ihr Herkunftsland typischen Alltagsgewohnheiten erzählen, persönliche Tipps geben oder von ihren Erfahrungen berichten. Diese Transferübung kann entweder schriftlich, z. B. auch als Hausaufgabe, ausgeführt oder als mündliche Aufgabe in den Unterricht integriert werden.
Die Arbeitsformen können sich in dieser Phase überschneiden. In der Randspalte ist jeweils die Arbeitsform angegeben, die den Schwerpunkt bildet:

Hier tauschen sich die Lernenden mit einem Partner / einer Partnerin über ein Thema aus und können dann im Plenum ihre Ergebnisse darstellen.

Hier reflektieren die Lernenden individuell über ein Thema und berichten dann mündlich.

Hier notieren die Lernenden Ideen oder Argumente, formulieren persönliche Tipps oder schreiben einen kurzen Ratgeber.

Alle Übungen aus **Grammatik im Gespräch** sind im Unterricht mit Lernenden unterschiedlichster Herkunftssprachen erfolgreich erprobt worden.

Autorin und Verlag wünschen Ihnen viel Spaß und Erfolg mit **Grammatik im Gespräch**.

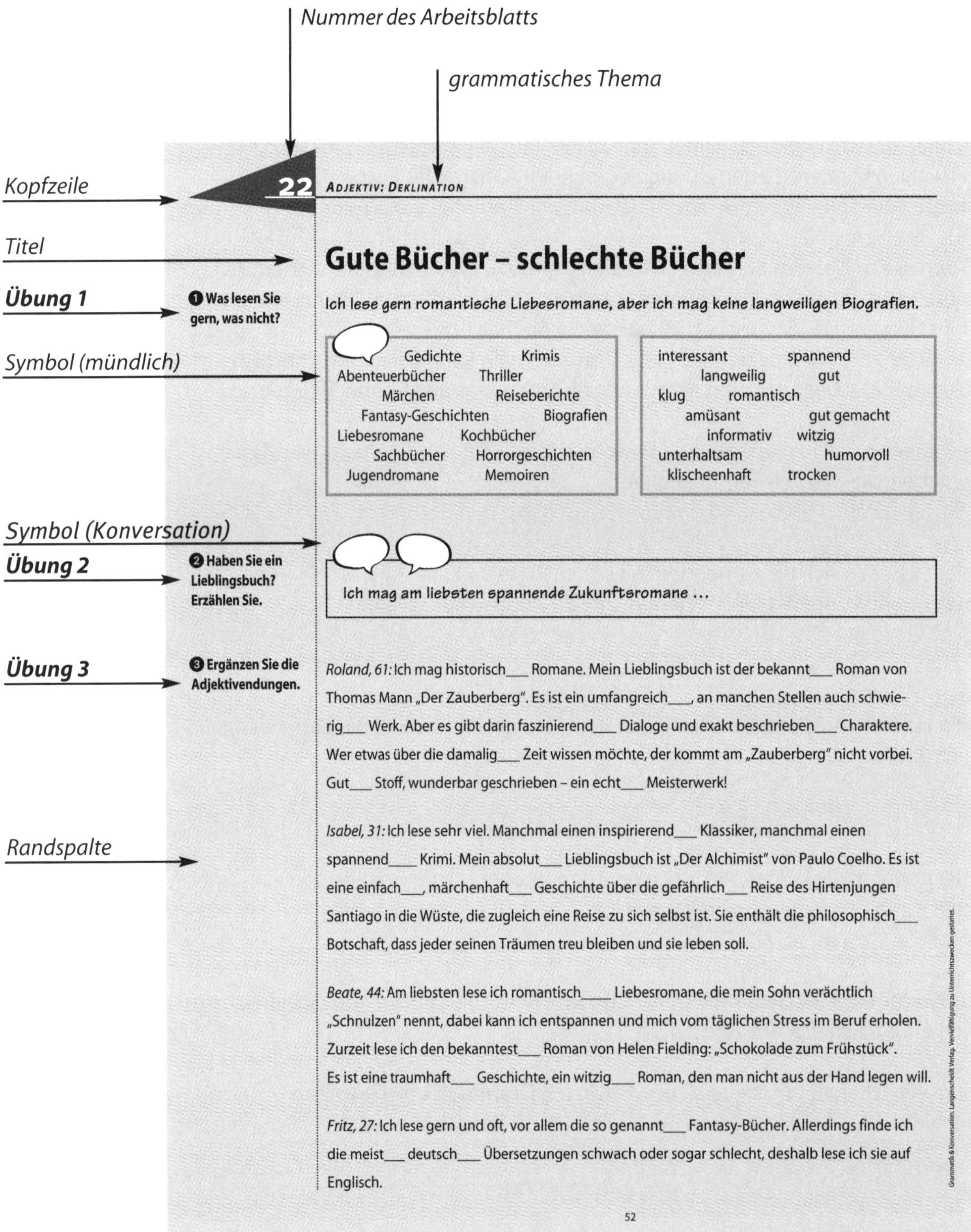

22 ADJEKTIV: DEKLINATION

Gute Bücher – schlechte Bücher

❶ Was lesen Sie gern, was nicht?

Ich lese gern romantische Liebesromane, aber ich mag keine langweiligen Biografien.

Gedichte, Krimis, Abenteuerbücher, Thriller, Märchen, Reiseberichte, Fantasy-Geschichten, Biografien, Liebesromane, Kochbücher, Sachbücher, Horrorgeschichten, Jugendromane, Memoiren

interessant, spannend, langweilig, gut, klug, romantisch, amüsant, gut gemacht, informativ, witzig, unterhaltsam, humorvoll, klischeenhaft, trocken

❷ Haben Sie ein Lieblingsbuch? Erzählen Sie.

Ich mag am liebsten spannende Zukunftsromane …

❸ Ergänzen Sie die Adjektivendungen.

Roland, 61: Ich mag historisch___ Romane. Mein Lieblingsbuch ist der bekannt___ Roman von Thomas Mann „Der Zauberberg". Es ist ein umfangreich___, an manchen Stellen auch schwierig___ Werk. Aber es gibt darin faszinierend___ Dialoge und exakt beschrieben___ Charaktere. Wer etwas über die damalig___ Zeit wissen möchte, der kommt am „Zauberberg" nicht vorbei. Gut___ Stoff, wunderbar geschrieben – ein echt___ Meisterwerk!

Isabel, 31: Ich lese sehr viel. Manchmal einen inspirierend___ Klassiker, manchmal einen spannend___ Krimi. Mein absolut___ Lieblingsbuch ist „Der Alchimist" von Paulo Coelho. Es ist eine einfach___, märchenhaft___ Geschichte über die gefährlich___ Reise des Hirtenjungen Santiago in die Wüste, die zugleich eine Reise zu sich selbst ist. Sie enthält die philosophisch___ Botschaft, dass jeder seinen Träumen treu bleiben und sie leben soll.

Beate, 44: Am liebsten lese ich romantisch___ Liebesromane, die mein Sohn verächtlich „Schnulzen" nennt, dabei kann ich entspannen und mich vom täglichen Stress im Beruf erholen. Zurzeit lese ich den bekanntest___ Roman von Helen Fielding: „Schokolade zum Frühstück". Es ist eine traumhaft___ Geschichte, ein witzig___ Roman, den man nicht aus der Hand legen will.

Fritz, 27: Ich lese gern und oft, vor allem die so genannt___ Fantasy-Bücher. Allerdings finde ich die meist___ deutsch___ Übersetzungen schwach oder sogar schlecht, deshalb lese ich sie auf Englisch.

52

Beispielsatz

Ein Buch ist für mich lesenswert, wenn es eine ungewöhnliche Geschichte und witzige Dialoge hat.

4 Was macht ein Buch für Sie lesenswert? ← *Übung 4*

Symbol (mündlich)

ungewöhnlich, spannend, witzig, sentimental, schön, historisch, aktuell, romantisch, traurig, praktisch, philosophisch, überraschend	Geschichte, Ende, Thema, Figuren, Problematik, Dialoge, Tatsachen, Situationen, Humor, Ideen, Hintergrundwissen, Informationen

„Die Klassefrau" von Michelle Martin: ein witziger, lockerer, amüsanter Roman mit Charme

5 Formulieren Sie die Werbesätze um. ← *Übung 5*

„Die Klassefrau" von Michelle Martin: witzig, locker, amüsant; ein Roman mit Charme
„Der Steppenwolf" von Hermann Hesse: ein Klassiker – tiefgründig und faszinierend
„Schokolade zum Frühstück" von Helen Fielding: ein Märchen – schön und amüsant
Die „Scheibenwelt-Romane" von Terry Pratchett: Superromane – wunderbar, fantastisch
„Das Superweib" von Hera Lind: Lesespaß pur, Figuren und Charaktere perfekt recherchiert
„Plötzlich ist es Abend" von Petra Morsbach: ein Romandebüt – grandios, vital und ironisch

Für einen kurzen Urlaub empfehle ich einen leichten Liebesroman.

6 Welches Buch empfehlen Sie für welche Gelegenheit? ← *Übung 6*

Für	einen	kurz___	Urlaub	einen	witzig___	Comic
	eine	entspannt___	Fahrt zur Arbeit	eine	spannend___	Liebesroman
	ein	täglich___	Abende	ein	schnulzig___	Krimi
	–	gemütlich___	Moment	–	unterhaltsam___	Thriller
		regnerisch___	Augenblicke		klug___	Abenteuerroman
		glücklich___	Wartezeiten		sentimental___	Kurzgeschichte
		lang___	Stunden		leicht___	Gedichte
		weit___	Reisen		historisch___	Anekdoten
		traurig___	Wochenende		lang___	Sachbuch

Ihr Freund / Ihre Freundin fährt in Urlaub und möchte ein paar Bücher mitnehmen. Welche würden Sie ihm/ihr empfehlen? Begründen Sie Ihre Auswahl.

Transferübung

Arbeitsform (Schwerpunkt)

53

Übersicht

Familie – Stress und Freude

❶ Bestimmter Artikel, unbestimmter Artikel, Nullartikel?

Familie bedeutet für mich Geborgenheit.

Familie bedeutet für mich …

_______ Geborgenheit

_______ Liebe

_______ Gutenachtkuss

_______ Wärme

_______ Zuhause

_______ Lächeln am Morgen

_______ Unterstützung

_______ Verständnis füreinander

aber auch …

_______ Konflikte

_______ Ärger und manchmal auch Stress,

ab und zu _______ Streit und

manchmal _______ Belastung.

❷ Ergänzen Sie.

Familie ist Stress.

Iris, 26: Familie ist _______ Stress. Ich will lieber _______ Single bleiben.

Christoph, 38: Klar brauche ich _______ Familie. Ich bin _______ Familienmensch, das ist _______ Wichtigste im Leben. Natürlich gibt es manchmal _______ Streit, aber das ist überall so.

Stephanie, 31: Ich bin noch _______ Single, doch wichtig ist mir _______ Familie schon. Nervig sind allerdings _______ Familienfeste. Da trifft man _______ Verwandten, die man ewig nicht gesehen hat. Und das finde ich nicht immer lustig.

Sebastian, 16: Meine Eltern sind wie _______ Freunde für mich. Ab und zu gibt es _______ Konflikte und Probleme, aber das ist doch normal, oder? _______ Probleme lösen wir gemeinsam. Später werde ich selbst _______ Familie gründen. _______ Geborgenheit in _______ Familie ist mir sehr wichtig.

Alexander, 23: Mein Traum ist _______ Karriere als _______ Journalist. _______ Frau und _______ Kind sind mir im Moment nicht so wichtig. Was ich will, ist _______ Geld, _______ Freiheit und _______ Anerkennung.

❸ Ergänzen Sie den unbestimmten Artikel oder den Nullartikel.

Was braucht eine Familie zum Glücklichsein?

Die Familie braucht

__________ Unterstützung vom Staat

__________ Haus

__________ Familienauto

__________ Aufmerksamkeit und Rücksicht

__________ Tagesmutter

__________ Schule in der Nähe

__________ Kindergarten

__________ Hund oder

__________ Katze

__________ Kühlschrank mit Tiefkühltruhe

__________ Geld

❹ Was wünschen sich diese Menschen?

Familie Siebert braucht vielleicht ein Wohnmobil.
Für Christina ist ein Job mit mehr Geld wichtig.

Familie Siebert, Eltern mit vier Kindern (16, 14, 8, 5): In unserer Familie ist immer etwas los. Wir sind immer in Bewegung: wandern, campen, Picknick im Grünen. Die Kinder bringen Freunde mit. Das hält uns jung und fit.

Susanne, 33, und Bernd, 35: Wir arbeiten an unserer Karriere. Für Kinder haben wir im Moment keine Zeit. Vielleicht später. Wir wollen das Leben genießen. Wir sind noch jung.

Christina, 41, und Sohn Patrick, 5: Ich bin allein erziehend. Das ist zwar nicht einfach, aber ich komme gut klar. Und Urlaub machen kann man auch zu Hause.

das Wohnmobil	das Ferienhaus	die Digitalkamera
der Job mit mehr Geld	der Sportwagen	die Tagesmutter
das Gästebett		das Surfbrett
der Computer	der Fernseher	der Videorecorder
die Markenkleidung	der MP3-Player	

Was ist Ihnen wichtig? Wovon träumen Sie? Sprechen Sie darüber und berichten Sie.

Zwei Zimmer, Küche, Bad

❶ Bestimmter Artikel, unbestimmter Artikel, Nullartikel. Ergänzen Sie.

Ich habe ein kleines Haus.

Peter, 64: Ich habe _______ kleines Haus. _______ Haus liegt sehr ruhig. Ich habe _______ Garten mit Blumen und Apfelbäumen. Es gibt hier viel Grün, und _______ Luft ist sehr sauber.

Erika, 44: Ich habe _______ Wohnung mit drei Zimmern. _______ Wohnung ist sehr groß, hell, hat viele Fenster und _______ Balkon. Hier kann ich abends _______ Tee trinken. Auch _______ Nachbarn sind sehr nett.

Sabine, 16: Meine Familie wohnt auf dem Land. Wir haben _______ altes Haus. _______ Haus ist renoviert und sehr schön. Es gibt _______ Terrasse, _______ Keller und _______ Hobbyraum.

Bernd, 34: Mein Haus ist _______ Hochhaus. _______ Haus ist grau und hässlich. _______ Lage ist auch nicht optimal. _______ Haus steht an einer Autobahn. _______ Luft ist sehr schmutzig. _______ Haus hat keinen Hof. _______ Kinder können hier nicht spielen. Auch _______ Wohnung ist nicht besonders schön. _______ Küche ist sehr klein und _______ Bad hat kein Fenster. Aber _______ Wohnung ist sehr billig und zentral.

❷ Wie sieht Ihre Traumwohnung / Ihr Traumhaus aus?

Mein Traumhaus ist groß und hell. Das Haus liegt am Stadtrand.

Der	Wohnung	ist	groß	klein	hoch	niedrig
Die	Haus	sind	hell	dunkel	nett	modern
Das	Küche		ruhig	laut	schön	sauber
	Bad					
	Balkon	liegt	im Zentrum	am Stadtrand		
	Hof					
	Nachbarn	hat	einen	Balkon	Terrasse	Aufzug
	Keller	haben	eine	Hof	Flur	Einbauküche
	Terrasse		ein	Fenster	Garten	
	Miete		kein			
Es		gibt	keine			
			keinen			

Zum Arzt sind es 10 Minuten zu Fuß. Zur Tankstelle brauche ich 5 Minuten mit dem Auto.

❸ Beschreiben Sie die Lage Ihrer Wohnung.

Arzt Supermarkt
Apotheke Krankenhaus
Park Kindergarten
Schwimmbad U-Bahn

Flughafen Stadtzentrum
Tankstelle Schule
Bushalteste Kino
Sportplatz Kaufhaus

Lucas braucht vielleicht ein CD-Regal.
Clarissa kauft sich Klappstühle.

❹ Was brauchen diese Personen? Notieren Sie.

Lucas, 19, hat ein 16 m^2 – Zimmer in einer WG: Ich studiere Informatik. Geld habe ich wenig. Aber das stört mich nicht. Meine Bücher sind wichtig für mich und mein Computer. Und ich brauche Platz für meine CD-Sammlung.

Clarissa, 40, hat eine 2-Zimmer-Wohnung mit Terrasse: Ich habe leider keine moderne Einbauküche. Aber ich koche sehr gern. Oft lade ich Freunde ein und wir sitzen draußen auf der Terrasse. Und ich bin ein Musikfan.

Christa, 61, und Olaf, 65, haben ein Einfamilienhaus mit Garten: Wir mögen Kino, aber wir haben keins in der Nähe. Also sehen wir neue Filme auf DVD. Abends sitzen wir oft in unserem Garten. Unsere Enkelkinder verbringen ihre Ferien bei uns. Sie sind richtige Computerfans.

Matthias, 32, wohnt auf dem Land, in einem Bauernhaus: Ich mache gern Musik, spiele Schlagzeug und Klavier. Meine Hobbys sind: Grillen mit Freunden, Wandern, Schwimmen.

der Bücherschrank der Kühlschrank
die Hängematte der Fernseher
das Gästebett der DVD-Player
der Schlafsack die Küchenschränke
das Keyboard der Fernsehsessel
der Geschirrspüler

die Couch die Mikrowelle
der Kühlschrank der Computertisch
der Computer der Herd
die Klappstühle der Grill
die Gartenmöbel das CD-Regal
die Luftmatratze

Beschreiben Sie Ihren Wohnort / Ihre Wohnsituation. Was gefällt Ihnen daran? Was finden Sie nicht so gut?

Technik macht das Leben leicht

In Haus und Büro gibt es viele Geräte, die unser Leben leichter machen. Einige davon sind uns besonders wichtig.

❶ Bestimmter Artikel, unbestimmter Artikel, Nullartikel. Ergänzen Sie.

Mein Favorit ist die Kaffeemaschine.

Susanne, 31: Mein Favorit ist _______ Kaffeemaschine. Jeden Morgen trinke ich _______ Kaffee. Normalerweise _______ Tasse, manchmal zwei. _______ Kaffee am Morgen macht mich fit.

Jürgen, 52: Ich bin _______ Lehrer. Ich unterrichte _______ Geschichte und _______ Deutsch. Jeden Tag lese ich _______ Zeitungen und ich brauche _______ Fernseher. So bin ich gut informiert.

Claudia, 15: Ich habe viele Freunde und bin viel unterwegs. Also brauche ich _______ Handy.

Christian, 29: Mein Lieblingsgerät ist _______ Mikrowelle. Ich wohne allein und koche nicht gern. _______ Mikrowelle ist ideal für Singles.

Verena, 38: Für mich ist _______ Computer absolut wichtig. So kann ich arbeiten, _______ Briefe schreiben, _______ Flug reservieren, _______ Rechnungen bezahlen und sogar _______ Musik hören!

Sebastian, 16: Für mich ist _______ Fahrrad sehr wichtig. Ich fahre gern _______ Fahrrad. So bin ich mobil.

❷ Wozu brauchen wir was? Bilden Sie Sätze.

Mit der Kaffeemaschine kochen wir Kaffee.

die Kaffeemaschine	Musik hören
der Staubsauger	Kaffee kochen
die Waschmaschine	E-Mails schreiben
die Mikrowelle	telefonieren
der Computer	Wäsche waschen
der DVD-Player	Bilder einscannen
der CD-Player	sauber machen
das Handy	das Essen aufwärmen
der Scanner	Filme ansehen
…	…

❸ Welche Geräte haben diese Personen im Haus?

Annette hat bestimmt eine Stereoanlage und einen Grill. Und wahrscheinlich hat sie auch einen Laptop.

der Staubsauger
der Videorecorder
die Spülmaschine
der Fernseher
der Mixer
die Stereoanlage
das Fahrrad
der Krafttrainer
die Waschmaschine
die Mikrowelle
das Radio
der Computer
das Faxgerät
das Telefon
der Anrufbeantworter
der Laptop
der CD-Player
die Nähmaschine
die Tiefkühltruhe
der Grill
der MP3-Player

Annette, 37, Programmiererin: Ich bin Single und feiere sehr gern mit Freunden. Auf meinen Partys gibt es Cocktails und viel Musik.

Norbert, 24, Student: Ich bin Kinofan und mache viel Sport: Joggen, Fußball, Fahrradfahren, bei jedem Wetter.

Julian, 41, Hausmann mit drei Kindern: Ich bin oft zu Hause. Es gibt viel zu tun: aufräumen, waschen, kochen. Da höre ich Musik, Hörspiele oder Nachrichten. Beim Bügeln sehe ich gern fern.

Jochen, 48: Ich bin IT-Fachmann. Ich bin oft unterwegs, arbeite aber auch viel zu Hause: E-Mails schreiben, Faxe verschicken, Telefonate führen. Bei mir soll alles schnell gehen.

Ina, 16, Schülerin: Ich mag TV-Serien und Kino. Viele Filme habe ich auf Video. Und ich kaufe auch Soundtrack- CDs zu meinen Lieblingsfilmen.

❹ Was ist für diese Menschen die beste Erfindung? Warum?

Die Erfindung Nummer 1 ist für Michael der Kompass. Mit dem Kompass kann man immer den Weg finden.

Michael, 53: der Kompass – man kann immer den Weg finden
Olivia, 27: die Solaranlage – die Sonnenenergie speichern
André, 19: das Telefon – mit seiner Freundin telefonieren
Vera, 33: die Digitalkamera – tolle Bilder machen
Manfred, 64: das Rad – sich bewegen, gesund bleiben

Welche Geräte haben Sie zu Hause? Wie häufig nutzen Sie sie? Was möchten Sie noch gern kaufen? Warum? Sprechen Sie darüber.

Menschen und ihre Hobbys

1 Ergänzen Sie.

Paul, 29: Ich ______________ (mögen) Sport. Und ich ______________ (tanzen) auch sehr gern.

Verena, 19: Meine Hobbys ______________ (sein) ungewöhnlich für ein Mädchen: Ich ______________ (lieben) Autos und Motorräder. Mein Freund ______________ (fahren) oft bei mir auf dem Motorrad mit. Ich ______________ (nehmen) ihn immer mit.

Sebastian, 56: Ich ______________ (sammeln) Elefanten aus Holz, Glas, Stein oder Keramik. Ich ______________ (haben) fast 700 Stück.

Marianne, 38: Ich ______________ (lesen) gern Romane oder Kurzgeschichten. Mein Mann ______________ (lesen) auch gern. Er ______________ (finden) Krimis spannend.

Kerstin, 33: Mein Hobby ______________ (sein) Einkaufen, Shoppen. Meine Freunde ______________ (sagen), das ______________ (sein) nicht normal. Vielleicht ______________ (brauchen) ich eine Therapie?

Michael, 25: Ich ______________ (spielen) Gitarre und Schlagzeug. Meine Freunde und ich ______________ (treffen) uns oft abends oder am Wochenende und ______________ (machen) gemeinsam Musik. Wir ______________ (auftreten) in Bars und Discos ______________.

2 Was machen diese Menschen in ihrer Freizeit?

Angelika liest gern, geht gern ins Kino, hört Rockmusik und kocht sehr gern.

Angelika, 56: Zu meinen Hobbys gehören Lesen, Kino, Rockmusik und Kochen.

Alexander, 23: Meine Hobbys sind Skaten, Fahrradfahren, Schwimmen, Musik von Green Day und Nirvana, Freunde treffen.

Ted, 38: Meine Hobbys sind Judo und Karate, Sushi-Essen, Malen und Zeichnen.

Irene, 39: Fotografieren, Joggen, Reisen – das sind meine Hobbys. Und Tanzen! Mein Lieblingstanz ist Tango.

Erika, 63: Meine Freizeitaktivitäten sind Wandern, Schwimmen, Fernsehen und Angorakatzen-Züchten.

❸ Erzählen Sie von den Hobbys eines Freundes / einer Freundin.

Mein Freund Toni macht gerne Sport. Im Winter fährt er Ski. Und im Sommer ...

❹ Bilden Sie Sätze.

Ich sitze jeden Tag am Computer und am Wochenende gehe ich meist ins Kino.

am Computer sitzen / jeden Tag / ich / am Wochenende / ins Kino gehen / ich
sich mit Freunden treffen / Patrick / Musik hören / gern
in der Freizeit / singen / fotografieren / wir
mit meiner Freundin / im Café / über Probleme sprechen / ich
lesen / gern / du / lieber fernsehen?
im Garten arbeiten / Blumen mögen / wandern / ich / gern
Mutter / Kuchen backen / Bilder malen / schöne / gern

❺ Schreiben Sie Kontaktanzeigen für gemeinsame Freizeitaktivitäten.

Hallo, ich suche eine Freundin. Ich lese viel, gehe gern ins Kino, koche mit Freunden. Magst du auch Bücher und Kino? Triffst du dich gern mit Freunden und magst mit mir kochen? Dann melde dich!

ich / eine Freundin
ich / lesen, ins Kino gehen, mit Freunden kochen
du / Bücher und Kino mögen, sich gern mit Freunden treffen, kochen mögen

wir / ein nettes Paar
wir / ins Theater gehen, Videos ansehen, grillen
ihr / nette Abende zu viert mögen, gern Filme sehen, gern mit Freunden diskutieren

ich / einen Freund
ich / gern lange E-Mails schreiben, chatten, gern Pop und HipHop hören
du / Musik mögen, gern Briefe schreiben, gern mit anderen sprechen

wir / Freunde
wir / Motorradfans sein, regelmäßig ins Fitnessstudio gehen, Comics lesen
ihr / Sport machen, gern Fußball spielen, Motorrad fahren

ich / einen Freund
ich / für Tiere engagieren, freiwillig im Tierheim arbeiten, Hund haben
du / Tiere mögen, freiwillige Arbeit machen

Welche Hobbys haben Sie oder Verwandte von Ihnen? Erzählen Sie.

Du schaffst es!

1 Setzen Sie die Verben ins Perfekt.

Lara, 16: Meine Klavierlehrerin _______ mir mal ein Kompliment _____________ (machen). Ich bin ihre zweitbeste Schülerin, _______ sie _____________ (sagen). Das _______ mich _____________ stark (motiviert) und ich _______ weiter viel _____________ (üben).

Julia, 38: In der 10. Klasse _______ ich in Französisch eine Sechs _____________ (schreiben). Meine Lehrerin _______ aber an mich _____________ (glauben). So etwas motiviert immer. Ich _______ für die nächste Arbeit besonders viel _____________ (lernen). Ich wollte meiner Lehrerin zeigen, dass sie recht hatte.

Alex, 31: Vor ein paar Jahren hatte ich einen schweren Unfall. Danach _______ ich monatelang auf Krücken _____________ (laufen) und _______ regelmäßig Krankengymnastik _____________ (machen). Es _______ wenig _____________ (helfen). Dann _______ ich einen Arzt _____________ (treffen). Der _______ mir von einer neuen Methode _____________ (erzählen). Die Aussicht auf Besserung _______ mir neue Kraft _____________ (geben).

Sebastian, 29: Vor kurzem _______ ich die Arbeitsstelle _____________ (wechseln). Ich musste lange überlegen, denn ich hatte Angst. Meine Freundin _______ mir Mut _____________ (zusprechen). Sie meinte: Du schaffst das schon! Das _______ mich sehr _____________ (motivieren). Und sie _______ recht _____________ (behalten).

2 Was ist das Geheimnis ihres Erfolgs? Fassen Sie zusammen.

Wolfgang hat immer an den Erfolg geglaubt.

Wolfgang, 54, Schauspieler: Das Rezept meines Erfolgs? Ganz einfach. Immer an den Erfolg glauben und ehrlich zu sich selbst sein.

Patricia, 34, Sängerin: Ich habe kein Rezept. Wichtig ist jedoch, bei Misserfolgen nicht in ein tiefes Loch zu fallen. Man soll nach Gründen für den Misserfolg suchen, herausfinden, was man falsch gemacht hat und dann aus den Fehlern lernen. Ja, so habe ich's gemacht!

Sven, 44, Journalist: Um sein Ziel zu erreichen, soll man mit großem Engagement bei der Sache sein, nach neuen Herausforderungen suchen, immer neue Seiten in sich entdecken und sein Talent entfalten und gezielt einsetzen.

Sybille, 27, Modedesignerin: Mein Motto war immer: Den Kopf nicht in den Sand stecken, auch nicht bei Schwierigkeiten. Und man soll den anderen zeigen, was man kann. Ich bin diesem Motto immer gefolgt. Und es hat mir geholfen.

❸ Was hat diese Personen motiviert? Berichten Sie.

Heike hat mit 50 ihr Interesse für die Musik entdeckt ...

Heike, 53
mit 50 zum Probeunterricht für Gitarre gehen
sehr gut gefallen, sich gleich entscheiden
jeden Tag eine halbe Stunde üben
sechs Monate später auf einer Geburtstagsparty auftreten
vor Aufregung fast sterben
es läuft super, alle klatschen und rufen „Bravo"
dieser kleine Erfolg motiviert und ermutigt

Bernd, 72
ein Notebook von seinem Enkel geschenkt bekommen
sich für einen Computerkurs anmelden
nie denken, dass es so interessant ist
andere Menschen in seinem Alter kennenlernen
gemeinsam eine Website für den Seniorenverein entwerfen
alle finden die Seite gut

Ramona, 46
starke Schmerzen im Rücken haben
viele Therapien ausprobieren, nichts hilft
durch Zufall Tai-Chi entdecken
regelmäßig zum Training gehen
sich nach einem Monat besser fühlen
die Schmerzen lassen nach
das regt zum Weitermachen an

❹ Formulieren Sie die Antworten im Perfekt, in der 1. Person (ich).

Interviewer: Frau Schmitt, warum haben Sie ein Motivationstraining gemacht?
Heike Schmitt: sich um eine neue Stelle bewerben, nachts wach liegen, vor Angst nicht schlafen
Interviewer: Was haben Sie dagegen gemacht?
Heike Schmitt: am nächsten Tag beschließen, ein Motivationstraining zu machen, sich anmelden und sofort zum Kurs gehen
Interviewer: Was haben Sie im Kurs gemacht?
Heike Schmitt: in der Gruppe meditieren, Entspannungsübungen machen, sich mit der Trainerin unterhalten
Interviewer: Worüber haben Sie sich mit ihr unterhalten?
Heike Schmitt: nach meinen Ängsten fragen, mir Tipps geben
Interviewer: Hat Ihnen das Training geholfen?
Heike Schmitt: nach dem Kurs mich stark genug für einen Neuanfang fühlen, am nächsten Tag zum Bewerbungsgespräch gehen, den Job bekommen!

Wie haben Sie sich bei einer schwierigen Sache motiviert? Warum haben Sie nicht aufgegeben? Erzählen Sie.

Treue Begleiter

❶ Ergänzen Sie *haben* oder *sein*.

Bernd, 30: Zu meinem 20. Geburtstag _________ mir meine Frau Inline-Skates geschenkt. Gleich am nächsten Tag _________ ich mit meinem Geschenk in den Park gegangen. Am Anfang _________ ich mich überhaupt nicht wohl auf den Rollern gefühlt. Aber ich _________ weiter gemacht. Seitdem _________ 10 Jahre vergangen. Aber dieser Sport _________ mir wichtig geblieben. Natürlich _________ ich schon öfter die Schuhe gewechselt. Aber die ersten _________ ich im Keller aufbewahrt. Die sind für mich das Symbol meiner Jugend. Von so etwas trennt man sich nicht gern.

Christiane, 33: Ich habe zu Hause eine Levis 501-Jeans. Die _________ ich von meinem ersten eigenen Geld gekauft. Damals _________ ich in den Ferien gejobbt und mein ganzes Geld für Kleidung ausgegeben. Meine Eltern _________ nie etwas gesagt. Und ich _________ mich selbstständig und erwachsen gefühlt. Diese Jeans _________ ich fast fünf Jahre getragen. In den letzten Jahren _________ ich leider zugenommen. Und die Hose _________ mir zu eng geworden. Ich _________ sie aber immer noch. Diese Jeans ist für mich ein Stück meiner Lebensgeschichte.

Doris, 46: Als Kind _________ ich Stofftiere gesammelt. Zu jedem Geburtstag und zu Weihnachten _________ ich welche geschenkt bekommen. Irgendwann war es mir peinlich, weil meine Freundinnen mich damit aufgezogen _________. Einige Stofftiere _________ ich verschenkt, die ganz alten _________ im Keller gelandet. Aber ein Teddy _________ überlebt. Den _________ ich schon immer bei Stress und Depressionen in den Arm genommen. Es _________ mir geholfen. Und es hilft immer noch.

❷ Schreiben Sie Kurztexte im Perfekt.

Bernd hat mit 8 das erste Karl-May-Buch bekommen.

Bernd, 35:
mit 8 das erste Karl-May-Buch bekommen
es unter der Decke mit der Taschenlampe lesen
vom Indianerleben träumen
das Buch sehr mögen

Christina, 25
mit 15 die erste Fotokamera kriegen
in der Schule viel fotografieren
viel Spaß machen
in den Ferien viel reisen und wandern
die Kamera immer mitnehmen
vor zwei Jahren eine neue Digitalkamera kaufen
die alte Kamera behalten

❸ Erzählen Sie von einem alten Gegenstand.

Zu Hause haben wir ein altes Teeservice. Mein Großvater hat es aus Großbritannien mitgebracht. Als Kind habe ich gern Tee aus diesen feinen Tassen getrunken.

❹ Ergänzen Sie die Verben im Perfekt.

Sabine, 32: Vor 25 Jahren _______ ich das erste Mal einen Ballettsaal _____________ (betreten). Die alten Tanzschuhe liegen bei mir immer noch im Schrank. Ich _______ sie nicht _____________ (wegwerfen). Ich _______ sie _____________ (behalten), obwohl sie schon bald nicht mehr _____________ _______ (passen). Die Schuhe wecken Erinnerungen an die Ballettschule. Damals _______ ich mit völlig fremden Kindern in einem riesigen Saal _____________ (stehen) und _______ meine ersten Übungen _____________ (machen).

Franziska, 21: Mein altes Federmäppchen hat eine lange Geschichte. Ich _______ es zu meiner Einschulung geschenkt _____________ (bekommen). Bis jetzt _______ mir das Mäppchen bei Prüfungen immer Glück _____________ (bringen). Einmal _______ ich es _____________ (vergessen). Und ich _______ gleich eine schlechte Note _____________ (schreiben).

Veronika, 35: Meine Kette ist älter als ich selbst. Meine Mutter _______ sie vor 40 Jahren in Wien _____________ (kaufen) und _____________ (tragen), als sie so alt war wie ich. Einmal konnte ich die Kette nicht finden und _______ mich den ganzen Tag schlecht _____________ (fühlen). Sie _______ mir richtig ans Herz _____________ (wachsen).

Robert, 67: Ich kann mich von meinen alten Schallplatten nicht trennen. Viele _______ ich von meinen Freunden als Geschenk _____________ (bekommen). Jede Platte _______ ich inzwischen bestimmt tausendmal _____________ (hören). Und jedes Mal _______ ich dabei an meine Jugend _____________ (denken).

Patrick, 46: Ich habe eine alte Uhr. Die _______ ich mit 18 geschenkt _____________ (bekommen). Damals _______ ich gerade meine Abiturprüfung _____________ (machen) und dabei _______ ich die Uhr _____________ (tragen). Es _______ _____________ (helfen). Die Uhr trage ich nicht mehr, aber ich stecke sie immer in meine Tasche, wenn ich zu einem wichtigen Termin gehe. Denn mittlerweile _______ ich ziemlich abergläubisch _____________ (werden).

Erzählen Sie über einen für Sie wichtigen Gegenstand: Wie, wann und von wem haben Sie ihn bekommen? Welche Rolle hat er in Ihrem Leben gespielt?

Was bringt die Zukunft?

❶ Mein Leben in 10 Jahren. Ergänzen Sie *werden* in der richtigen Form.

Chris, 45: Wie ___________ mein Leben in 10 Jahren aussehen? Meine Speditionsfirma ___________ viel größer sein, ich ___________ mehr Angestellte haben und ich ___________ nicht mehr so viel selbst machen müssen. Meine Frau und ich ___________ dann hoffentlich mehr Freizeit haben.

Manuela, 51: Mein Leben in 10 Jahren? Schwer zu sagen. Hoffentlich ___________ ich ein kleines Weingut in Piemont erben. Zur Weinlese ___________ ich ein paar Freunde einladen und wir ___________ abends gemütlich zusammensitzen, Wein trinken und das Leben genießen. Und im Hintergrund ___________ zwei bis drei Enkelkinder herumlaufen und ich ___________ sie beim Spielen beobachten.

Benjamin, 29: Wie mein Leben in 10 Jahren aussehen ___________, weiß ich nicht, aber in drei Monaten bekommt meine Frau unser erstes Kind. Das ___________ großartig. Ich ___________ lernen, Fläschchen zu geben und Windeln zu wechseln. Die nächsten Jahre ___________ bestimmt spannend für mich sein. Vermutlich ___________ ich weniger arbeiten. Meine größte Aufmerksamkeit ___________ dann meiner Familie gelten.

❷ Menschen sprechen über ihre Zukunftsp läne. Bilden Sie Sätze.

Philipp wird zuerst das Abitur machen.

Philipp, 17, Schüler:
zuerst das Abitur machen
dann studieren und Erfahrungen sammeln
nach Berlin oder nach Frankfurt ziehen
vielleicht eine eigene Firma gründen
weite Reisen in ferne Länder machen

Edith, 38, Architektin:
irgendwo im Ausland leben
sich ein schönes Haus am Strand bauen
die gemeinsame Zeit mit dem Partner genießen
viel ausgehen und neue Leute treffen
abends gemütlich auf der Terrasse sitzen und ein Buch lesen

Wolfgang, 57, Unternehmer:
alle Geschäfte und das Hotel den Kindern übergeben
hoffentlich noch fit und aktiv sein
vielleicht nach Griechenland gehen
dort eine kleine Pension aufmachen und meine Ruhe genießen

❸ Und wie wird Ihr Leben in den nächsten Jahren aussehen?

In ein paar Jahren werde ich meine Ausbildung abschließen. In 10 Jahren werde ich vielleicht ...

❹ Was sagen die Sterne für das kommende Jahr? Was halten Sie für möglich?

Ich halte es für möglich, dass es für mich im nächsten Jahr viele neue Chancen geben wird.

Ich halte es für (ziemlich) unwahrscheinlich / (absolut) unrealistisch, dass ...
Ich halte es für möglich / ziemlich realistisch, dass ...

Im nächsten Jahr gibt es für Sie viele neue Chancen.
Das nächste Jahr wird für Sie ein glückliches und erfolgreiches Jahr.
Sie erreichen ihre beruflichen Ziele.
Sie lernen interessante Menschen kennen.
Ein neuer Kontakt verändert komplett Ihr Leben.
Sie arbeiten weniger und haben viel mehr Freizeit.
Es kommt zu einer Verbesserung der sozialen und beruflichen Situation.
Zum Jahresende ziehen Sie um oder Sie wechseln den Job.
Eine neue Partnerschaft winkt Ihnen zu.
Ihr Interesse an der Esoterik wächst.
Sie fangen an, sich für die Umwelt zu engagieren.

❺ Welche Fragen stellen sich viele junge Menschen?

Werde ich in der Zukunft einen sicheren Arbeitsplatz haben? / Wird mein Arbeitsplatz in Zukunft sicher sein?

- sicherer Arbeitsplatz
- gutes Einkommen
- soziale Sicherheit
- gute Gesundheit
- Spaß im Beruf und im Leben
- Karriere
- Glück in der Partnerschaft
- Familie und Kinder
- gute Freunde und Kollegen
- Wohlstand, Frieden
- intakte Umwelt für unsere Kinder

Am Jahresende oder vor dem Beginn eines neuen Lebensabschnitts ziehen viele Menschen Bilanz und setzen sich Ziele für die Zukunft. Erzählen Sie, was Sie in den nächsten Jahren in Ihrem Leben ändern werden. Was wird sich hoffentlich/vermutlich verändern?

Geschichten, die das Leben spielt

❶ Ergänzen Sie die passenden Verben im Präteritum.

sein – sitzen – vorbeigehen – denken – stehen – ansehen – sein – signalisieren – tippen – drücken – sagen – stattfinden – sein

Milena, 18: Es __________ in den vergangenen Sommerferien, auf dem Rückflug von der Türkei nach Deutschland. Ich __________ im Flugzeug, als ein unglaublicher junger Mann mit einem Mädchen an mir __________. „Mensch, was für ein tolles Paar!", __________ ich. Nach der Landung __________ er am Gepäckband neben mir und __________ mich __________. Ich __________ ihm auch ein gewisses Interesse. Plötzlich __________ er mir auf die Schulter, __________ mir einen Zettel in die Hand und __________ „Ruf mich an, wenn du Lust hast." Ich __________ im siebten Himmel, aber ich habe zwei Tage mit dem Anruf gewartet. Unser Treffen __________ in einer Eisdiele __________. Seitdem sind wir ein Paar. Das Mädchen aus dem Flugzeug __________ übrigens seine Schwester.

auffallen – unternehmen – sein – denken – wollen – hängen – bekommen – stammen – anrufen – sein – treffen – sein

Fabian, 21: Im Supermarkt __________ mir in der Schlange vor der Kasse ein sehr hübsches Mädchen __________. Ich __________ aber nichts. Dann __________ sie plötzlich weg. Ich __________: „Ich sehe sie nie wieder." Aber als ich meine Einkaufstaschen auf dem Gepäckträger meines Fahrrades festmachen __________, __________ da ein Zettel: „Hallo! Ruf mich doch an. Laura." Ich __________ aber Zweifel, ob die Nachricht wirklich von dem Mädchen aus dem Supermarkt __________. Deswegen __________ ich erst ein paar Tage später __________. Unser Telefongespräch __________ richtig nett. Am gleichen Abend __________ wir uns in einem kleinen Café. Das __________ ein sehr lustiger Abend. Seitdem verstehen wir uns prima.

❷ Erzählen Sie die Geschichte im Präteritum.

Tobias lief die Treppe hinunter. Auf der Straße ...

Tobias läuft die Treppe hinunter. Auf der Straße bleibt er vor seinem völlig eingeschneiten Auto stehen. Er will das Auto aufschließen, aber der Schlüssel lässt sich nicht umdrehen. „Das Schloss ist eingefroren", denkt er. Für ihn ist das kein Problem. Er hat sein Enteisungsspray in der Tasche. Er sprüht und reibt das Schloss mit seinen Händen. Er trägt Handschuhe. Aber der Schlüssel bewegt sich nicht. Tobias weiß nicht, was er tun soll. Plötzlich kommt eine junge Frau auf ihn zu. Sie sagt: „Das ist aber nett, dass Sie mein Schloss enteist haben. Danke!" Verwirrt sieht Tobias von der Frau zu dem Auto und merkt: Das ist gar nicht sein Auto! Sein Auto steht ein paar Meter weiter. Es ist ein wenig peinlich, aber er sagt schnell: „Oh, bitte, das habe ich doch gern gemacht!" Dann geht er zu seinem Auto, steckt den Schlüssel ins Schloss und er passt!

❸ **Setzen Sie die Teile zusammen und schreiben Sie die Geschichte im Präteritum.**

Ich springe aus dem Bett und ziehe mich an. Dann renne ich aus der Wohnung. Nicole wartet schon vor der Tür.

Dienstagmorgen: Ich will mit meiner Freundin Nicole auf ihrem Moped zur Schule fahren, muss daher besonders pünktlich sein.

Wir fahren am Rathaus vorbei. Ich sehe auf die große Rathausuhr. Die zeigt ebenfalls 6.45.

Das Telefon reißt mich aus dem Schlaf. Eine Stimme fragt: „Warum liegst du noch im Bett?" Es ist Nicole. Sie wartet seit 15 Minuten vor dem Haus auf mich und ist ziemlich sauer.

Wir beide steigen auf das Moped. Nicole tritt aufs Gaspedal und fährt mit Tempo 60 durch unseren kleinen Ort. Als ich gucken will, wie viel Zeit uns noch bleibt, bemerke ich, dass es auf meiner Uhr erst 6.45 ist. Also geht sie mal wieder nach.

In zehn Minuten erreichen wir den Schulhof. Doch der ist komplett leer. Komisch, denke ich.

❹ **Wie geht die Geschichte weiter?**

Verdutzt stiegen wir von dem Moped ab und sahen uns an ...

❺ **Fassen Sie die Zeugenaussage als schriftlichen Bericht zusammen.**

Die Zeugin ging gerade in das Kaufhaus hinein, als sie sah ...

Ich bin gerade in das Kaufhaus hineingegangen, da habe ich gesehen, wie ein hübsches dunkelhaariges Mädchen mit der Rolltreppe hinaufgefahren ist. Sie hat anscheinend vor sich hin geträumt und den Moment verpasst, vom Rollband zu hüpfen. Ihr Rock hat sich in der Treppe verfangen. Das Mädchen hat versucht, am Rock zu ziehen, aber es hat nichts geholfen. Der Rock ist immer tiefer unter die Rolltreppe gerutscht. Ich habe gesehen, dass das Mädchen in Panik geraten ist. Die anderen Kunden haben das Missgeschick nicht bemerkt.

In dem Moment ist mir klar geworden, dass ein Unfall passieren kann. Also bin zu der Rolltreppe gelaufen und habe dabei einige Kunden angerempelt, die sich verärgert nach mir umgedreht haben. Endlich habe ich die Rolltreppe erreicht und auf den Notknopf gedrückt. Das Band ist endlich zum Stehen gekommen und das Mädchen hat sich befreien können. Nur der Rock ist total kaputt gewesen.

Erzählen Sie eine nette, lustige, peinliche oder merkwürdige Geschichte, die Sie selbst erlebt haben oder die einem/einer Ihrer Bekannten passiert ist.

Tricks gegen die Bequemlichkeit

Abnehmen, sich mehr bewegen, mit dem Rauchen aufhören … Eigentlich kein Problem – aber die Bequemlichkeit ist oft stärker als alle guten Vorsätze.

❶ Geben Sie einem/einer Bekannten Tipps.

Setzen Sie sich realistische Ziele!

Sie sollten sich realistische Ziele setzen.
Sie sollten sich die Zeit realistisch einteilen.
Sie sollten positiv denken.
Sie sollten erst ein Ziel umsetzen, dann das nächste.
Sie sollten unbedingt klein anfangen.
Und Sie sollten langsam Ihre Ziele steigern.
Sie sollten Ihren eigenen Rhythmus finden.
Sie sollten Freunde um Unterstützung bitten.
Sie sollten keine Ausnahmen von der Regel machen.
Sie sollten sich öfter selbst belohnen.

❷ Ihre Freunde möchten mehr Sport machen. Geben Sie Tipps.

Stellt einen Trainingsplan auf!

- einen Trainingsplan aufstellen
- Trainingspartner suchen
- an Sportveranstaltungen teilnehmen
- ein Trainingstagebuch führen
- öfter über Erfolge sprechen
- nicht gleich aufgeben, wenn es nicht optimal läuft
- das Training nicht übertreiben
- genügend Pausen machen
- auch bei Regen hinausgehen
- an die eigenen Stärken glauben
- Freunde fragen, ob sie nicht mitmachen wollen
- öfter sagen: „Wir schaffen es!"

❸ Bewegen Sie sich genug? Was sagen Ihre Freunde dazu?

Ich spiele Tennis, aber nur einmal in der Woche. Mein Freund sagt immer: Mach öfter Sport, beweg dich!

❹ **Fit sein und jung aussehen – wie schafft man das?**

Essen Sie Bananen, denn sie geben Kraft.

Wach mit grünem Tee!

Kraftpaket Banane

Fitmacher Joghurt und Obst

Stichwort: Bewegung

Raus an die frische Luft!

Pausen sind wichtig!

Lächeln!

❺ **Formulieren Sie den Brief um.**

Nimm deine Probleme ernst!

Liebe Monika,
es tut mir leid, dass du Probleme im Job hast. Du arbeitest doch erst seit ein paar Wochen in der neuen Firma.
Aber du solltest deine Probleme schon ernst nehmen. Und du solltest sofort etwas unternehmen, damit es dir wieder besser geht. Vielleicht sprichst du mit deinem Chef und fragst ihn, was er von dir erwartet. Und ich glaube, du solltest mit deinen Kollegen reden. Du solltest versuchen, neue Kontakte zu knüpfen und auch in der Arbeit Freunde zu finden.
Ich hoffe, es geht dir bald besser.

Herzliche Grüße
Anna

❻ **Schreiben Sie einer dieser Personen und gehen Sie auf ihre Probleme ein.**

Liebe Kerstin, mach etwas für deine Fitness. Geh joggen oder schwimmen!

Kerstin, 34: Ich habe momentan keine Lust, ins Büro zu gehen. Ich bin müde und kann mich zu nichts aufraffen. Dauernd suche ich nach Ausreden, warum ich dies oder jenes nicht gemacht habe. Eigentlich habe ich viele Ideen, aber ich tue nichts, weil ich mich schlapp und demotiviert fühle.

Bernd, 48: Ich war drei Jahre arbeitslos. Nun habe ich einen guten Job, aber ich habe Angst, Fehler zu machen Mein Selbstwertgefühl ist total im Keller. Ich fürchte mich auch vor meinem Chef. Irgendwie denke ich, dass ich ständig alles falsch mache. Ich weiß, dass ich es mir schwerer mache, als es ist. Aber ich bin so unsicher.

Schreiben Sie einen Ratgeber für alle, die gerade erst mit einem neuen Job angefangen haben.

Gute Schulen – ein Traum?

In einer guten Schule müssen Lehrer und Schüler sich wohl fühlen. Hier ist immer etwas los: Feste, Ausstellungen, Ausflüge ....

❶ Wie muss eine gute Schule aussehen?

Eine gute Schule muss Spaß machen.

Schüler	müssen	(nicht)	stressfrei lernen
Lehrer	können		alle Schüler individuell fördern
Eltern	wollen		keine Angst machen
	dürfen		Spaß machen
Eine gute Schule	darf		am Schulleben teilnehmen
Die Stimmung	kann		Kontakt zu den Eltern suchen
	muss		ihre Schüler gut kennen
	will		nicht zu bürokratisch sein
			locker und freundlich sein
			Wissen vermitteln
			sich wohl fühlen

❷ Ergänzen Sie (*müssen, können, dürfen, wollen, sollen*).

Benjamin, 16: Meine Traumschule ____________ schön bunt sein. Die Schüler ____________ die Räume mitgestalten. Die Lehrer ____________ streng, aber auch freundlich sein. Und sie ____________ einen interessanten Unterricht machen. Die Notenskala ____________ von Null bis Zwanzig reichen. So ____________ man die Leistungen besser differenzieren.

Juliana, 21: Schüler ____________ ihre Fächer selbst wählen, der Stundenplan ____________ für jeden Schüler individuell sein.

Bettina, 27: Eine gute Schule ____________ ausreichend Computer haben. So ____________ die Schüler selbstständig daran arbeiten und die nötigen Kenntnisse erwerben.

Oliver 18: Eine Traumschule? Ganz wichtig ist, alle Schüler ____________ zum Unterricht gehen und sie ____________ auch was lernen. Und jeder ____________ sich aussuchen, was er lernen ____________.

Jette, 8: In meiner Traumschule ____________ wir am Tag nur vier Stunden Unterricht haben. In Deutsch ____________ wir die ganze Zeit Geschichten erfinden.

Jede Schule soll eine Traumschule sein.

❸ Markieren Sie die richtige Variante.

Marlene, 51: Jede Schule *soll / muss / darf* eine Traumschule sein. Schüler und Schülerinnen *müssen / sollen / können* gern hingehen. Lernen *muss / will / kann* Spaß machen und der Unterricht *kann / muss / soll* lebendig sein. Schüler *sollen / wollen / können* dort nicht nur Fakten lernen, sondern sie *wollen / dürfen / sollen* auch ihre Fantasie und Kreativität einsetzen. Und sie *wollen / können / sollen* den Unterricht mitgestalten. Das heißt nicht, dass Schule nur Spaß machen *soll / will / kann*. Schule *soll / darf / muss* eben Schule bleiben. Lehrer und Lehrerinnen *sollen / dürfen / müssen* sympathisch und kompetent sein, man *kann / muss / soll* mit ihnen reden. Bei Problemen *dürfen / sollen / können* sie für die Schüler da sein.

Helge, 32: In einer Traumschule *möchte / darf / muss* sich jeder aussuchen, was er lernen *kann / will / soll*. In dieser Schule *soll / kann / darf* es Kurse wie Moderation, Theater oder Schülerzeitung geben. Lehrer *können / sollen / möchten* Freunde und Helfer sein, sie *sollen / müssen / wollen* den Schülern jederzeit mit Rat zur Seite stehen. Und es *darf / muss / kann* keine Noten geben. Jeder Schüler und jede Schülerin *soll / möchte / kann* nur eine Beurteilung bekommen. Er/Sie entscheidet selbst, wann er/sie aus der Schule aus und ins Berufsleben einsteigen *will / soll / darf*.

Wir wollen in einer guten Atmosphäre miteinander leben und arbeiten.

❹ Entwerfen Sie eine Schulordnung für die Traumschule.

Wünsche:	in einer guten Atmosphäre miteinander leben und arbeiten Spaß und Freude am Schulleben haben
Pflichten:	aufeinander Rücksicht nehmen einander helfen pünktlich und ordentlich sein höflich sein und einander grüßen Handys während des Unterrichts abschalten die Hand heben, wenn wir uns melden
Möglich:	in den Pausen Ball spielen Schüler/innen der Klassen 11, 12 und 13 verlassen in den Pausen die Schule
Verboten:	essen und trinken, Kaugummi kauen während des Unterrichts auf den Gängen und Treppen rennen elektronische Spiele mitbringen für Schüler/innen der Klassenstufen 5 bis 10 die Schule verlassen rauchen über andere lachen
Gebote:	am Unterricht teilnehmen in den Pausen in den Schulhof gehen

Wie stellen Sie sich einen guten Deutschkurs vor? Was wünschen Sie sich? Was müssen Sie selbst dafür tun? Überlegen und berichten Sie.

Frauen und Männer aus dem Katalog

1 Ergänzen Sie die Modalverben.

Viele junge Frauen und Männer wollen heutzutage als Fotomodell arbeiten.

Dirk, 29: Viele Mädchen __________ heutzutage als Fotomodell arbeiten. Sie __________ berühmt werden, im Mittelpunkt stehen, viel Geld verdienen. Deswegen sind sie oft arrogant. Und viel zu dünn und zu stark geschminkt.

Kerstin, 15: Als Model __________ man viel reisen. Und man __________ viele interessante Leute kennenlernen. Das finde ich schön. Man __________ auch rund um die Uhr schicke Kleider tragen.

Irene, 21: Als Fotomodell __________ ich immer gut aussehen. Ich mache oft Fotos für Modekataloge. Dann __________ ich immer lächeln, auch wenn ich das nicht __________. Und oft ist der Fotograf nicht zufrieden und dann __________ man alles wiederholen.

Pierre, 38: Fotomodell oder Dressman ist ein harter Job. Man __________ viel an seinem Aussehen arbeiten. Man __________ sehr diszipliniert sein. Man __________ auf sein Gewicht aufpassen und man __________ keine Chips essen oder Bier trinken.

Anna, 20: Meine Freunde sagen, ich bin hübsch und habe eine gute Figur, aber ich __________ auf keinen Fall als Fotomodell arbeiten. Manchmal __________ Schönheit auch lästig sein. Man fällt überall auf. Vielleicht __________ schöne Menschen lieber ganz normal aussehen und in ein Cafe gehen, ohne dass alle sie anstarren.

2 Was braucht man als Model?

Als Model muss man viel Selbstdisziplin haben.

Als Model	muss/müssen	man	viel Selbstdisziplin haben
Die jungen Frauen	kann/können	(nicht)	Ausdauer und Geduld haben
Die jungen Männer	soll/sollen		toll aussehen
	darf/dürfen		über Mode Bescheid wissen
	will/wollen		viel reisen
	möchte/n		zickig sein
			auf ihre Figur aufpassen
			zu viel Süßes oder Fettes essen

Ein Fotomodell muss 1,75 Meter bis 1,80 Meter groß sein.

❸ Schreiben Sie einen Werbetext für eine Model-Agentur.

Voraussetzungen:
- Größe: 1,75 Meter bis 1,80 Meter
- Kleidergröße 36/38
- persönliche Ausstrahlung
- schöne Haare, schöne Zähne, schöne Haut
- Alter: ab 18 Jahre

Wünsche:
- Bekanntheit
- berühmte Leute kennenlernen
- viel Geld
- eine tolle Karriere

Chancen:
- die ganze Welt bereisen
- schicke Kleider, Schuhe, Schmuck

möglichst:
- nett, diszipliniert, pünktlich, gesund, kommunikativ

möglichst nicht:
- eitel, launisch, überheblich, faul

❹ Markieren Sie die richtige Variante.

Der Beruf Fotomodell ist kein Kinderspiel. Man *kann / muss / soll* ihn meist nur wenige Jahre ausüben. Man *muss / darf / kann* jung und sehr diszipliniert sein und sich nach den Terminen der Fotografen richten und man *soll / kann / möchte* über aktuelle Modetrends Bescheid wissen.
Ein angehendes Fotomodell *will / muss / soll* auf jeden Fall Modezeitschriften lesen. Manchmal *muss / soll / will* man als Model 10 Stunden lang Foto-Shootings aushalten und man *darf / kann / muss* dabei nicht ungeduldig oder nervös werden. Ein richtiges Fotomodell *darf / kann / soll* auch nach langer Arbeitszeit lachen und *darf / soll / muss* ihre Ausstrahlung nicht verlieren.
Als Fotomodell *muss / kann / darf* man gesund sein und man *muss / kann / darf* die Strapazen und den Stress gut durchhalten. Denn dieser Beruf *darf / soll / kann* auch krank machen. In Spanien und Italien *darf / muss / kann* ein Model, das 1,75 Meter groß ist, mindestens 56 Kilo wiegen. Models *sollen / können / müssen* nicht zu dünn sein, denn sie *können / sollen / müssen* durch ihr Beispiel Krankheiten wie Magersucht und Bulimie bei Jugendlichen fördern.

Können Sie sich vorstellen, Model zu sein? Was denken Sie über diesen Beruf? Viele Menschen meinen, dass Models arrogant sind. Was meinen Sie?

Wohnen und leben

Im Zelt oder in einer Luxusvilla, auf einem Schiff oder in einem Wohnmobil, in einer Großstadt oder auf dem Land? Jeder hat seine eigenen Vorstellungen.

1 Wovon träumen diese Menschen?

Martin möchte auf einem Schiff mitten im Meer wohnen. Dort kann er den Sonnenaufgang sehen. Und er muss keinen Verkehrslärm mehr hören.

Martin, 32:
Haustyp: Schiff
Ort: Meer
Aktivitäten: den Sonnenaufgang sehen, abends an Deck sitzen, die Sterne beobachten, keinen Verkehrslärm hören, nicht stundenlang im Stau stehen

Peter, 44:
Haustyp: Haus mit Terrasse
Ort: Spanien
Aktivitäten: mehr Freizeit haben, in der Sonne liegen und braun werden, einen Tauchkurs machen, später als Tauchlehrer arbeiten, keinen Anzug mehr tragen

Christina: 28:
Haustyp: Höhle
Ort: in den Bergen
Aktivitäten: die Natur erleben, Ruhe genießen, sich einfach wohl fühlen, lesen und Romane schreiben, laute Musik machen, keine Rücksicht auf die Nachbarn nehmen

Claudia, 21:
Haustyp: Palmenhütte
Ort: auf einer Insel in der Karibik
Aktivitäten: im Meer baden, barfuß laufen, keine hochhackigen Schuhe tragen, Blumen pflücken, Muscheln sammeln, kein Telefon haben

2 Und wo möchten Sie wohnen?

Ich möchte in einer Villa im Grünen wohnen. Dort kann ich Rosen pflanzen und meine Kinder können im Garten spielen.

❸ **Wohngemeinschaft – Was spricht dafür, was dagegen?**

Es kann immer mal Stress geben.

Andreas, 23: Ich wohne gern in einer Wohngemeinschaft. Aber es gibt natürlich auch einige Nachteile: Es ___________ immer mal Stress geben. Man ___________ nicht nackt durch die Wohnung laufen und man ___________ auf andere Rücksicht nehmen. Es ist meist jemand da, man ist nicht allein. Man ___________ viel miteinander machen, wenn man ___________. Man ___________ sich Arbeit und Kosten teilen. Das finde ich positiv. Aber man ___________ es mögen.

Bettina, 27: Also eine Wohngemeinschaft ist gar nichts für mich! Ich bin ein geselliger Mensch, aber ich ___________ auch mal allein sein. Ich brauche meine eigene Wohnung, wo ich alles machen ___________ und niemanden um Erlaubnis fragen ___________.

Norbert, 19: Ich ___________ nicht, dass jeder alles über mein Privatleben weiß. Ab und zu ___________ ich gern allein sein. Natürlich ___________ man auch in einer WG die Tür hinter sich abschließen. Aber allein ist man deshalb noch lange nicht.

Wolfgang, 31: Ich teile mir eine Wohnung mit drei Freunden. Wir ___________ jederzeit miteinander reden. Mit der Sauberkeit in der Küche und im Bad ist es ein bisschen schwierig, aber jedes Problem ___________ man lösen.

❹ **Entwerfen Sie eine menschenfreundliche Hausordnung.**

Kinder dürfen laut sein.

Kinder	dürfen	(nicht)	laut sein
Erwachsene	müssen		draußen toben
Nachbarn	sollen		tolerant sein
Die Vermieter			Familien mit Kindern kündigen
Autos			Rücksicht auf Kinder nehmen
			im Hof spielen
			Freunde und Freundinnen mitbringen
			Gehwege mit Autos zuparken
			im Hof Schritttempo fahren
			Hunde im Hof ausführen
			Feste feiern bis Mitternacht
			im Garten grillen

Wie lange wohnen junge Leute in Ihrem Heimatland bei ihren Eltern? Wann können sie ausziehen? Berichten Sie.

Man soll die Feste feiern …

❶ Was bedeuten Ihnen Feiertage? Formulieren Sie um.

Feiertage bedeuten für mich, viel und lecker zu essen.

Feiertage bedeuten für mich, dass ich viel und lecker essen kann.
Feiertage sind für mich eine Möglichkeit, dass ich Freunde oder Verwandte einladen kann.
Es macht mir Spaß, dass ich Freunde oder die Familie besuchen kann.
Ich finde es schön, dass ich endlich ausschlafen kann.
Und es ist super, dass ich nicht zur Arbeit gehen muss.
Es ist toll, wenn man an Feiertagen etwas Besonderes unternimmt.
Ich finde es schön, dass ich einen langen Spaziergang machen kann.
An Feiertagen ist es herrlich, wenn man einfach faulenzt.

❷ Formulieren Sie Regeln für angenehme Feiertage.

Es ist wichtig, sich keinen Stress zu machen.

Es ist wichtig, …
Es wäre gut, …
Es ist auch in Ordnung, …
Es ist nicht so schlimm, …

sich keinen Stress machen
Kompromisse schließen
Interesse an anderen zeigen
sich für eine Weile zurückziehen
es nicht allen recht machen wollen
sich eine Pause gönnen
mit anderen kommunizieren
auf die Bedürfnisse der anderen eingehen
eigene Erwartungen zurückschrauben
ehrlich bleiben, sich und anderen nichts vormachen
auch mal an sich denken
etwas für sich selbst tun

❸ Was zeichnet gute Gastgeber aus?

Ein guter Gastgeber / Eine gute Gastgeberin versucht, mit allem rechtzeitig fertig zu sein.

versuchen – mit allem fertig sein – rechtzeitig
Gäste dazu auffordern – sich selbst bedienen
bereit sein – den eher schüchternen Gästen – helfen
nicht versuchen – das Tischgespräch an sich reißen
sich Mühe geben – im Hintergrund bleiben
darauf achten – nicht zu viel Alkohol trinken
sich bemühen – alle Gäste gleich freundlich behandeln

❹ Wie verhalten sich gute Gäste?

Es ist nicht üblich, später als verabredet zu kommen.

Es ist üblich / nicht üblich, …
Es ist normal / ausgeschlossen, …
Es ist höflich / (sehr) unhöflich, …

später als verabredet kommen
unangemeldet kommen
ohne Erlaubnis Freunde mitbringen
das Essen loben
das Nachfüllen von Gläsern abwehren
Wein zum Essen trinken
etwas zu essen mitbringen
sich entschuldigen, wenn man zu spät kommt
den Gastgebern ein kleines Geschenk mitbringen
den Teller leer essen, auch wenn es nicht schmeckt
geräuschvoll essen, schlürfen und schmatzen
auf die Gastgeber anstoßen
Blumen mitbringen
im Jogginganzug erscheinen

❺ Sind Sie gern Gastgeber oder lieber Gast?

Es macht mir Spaß, ein Fest vorzubereiten und Leute einzuladen, aber ich lasse mich auch gerne als Gast verwöhnen …

❻ Tipps für die nächste Party. Ergänzen Sie.

bekannt machen — ansprechen — ergreifen — machen — sagen
äußern — beginnen — kommen — stellen

Sie sind auf einer Party und kennen niemanden? Sie haben Angst, Leute __________ und fühlen sich isoliert? Ihnen fehlt der Mut, die Initiative __________? Bitten Sie Ihren Gastgeber, Sie mit Leuten __________. Trauen Sie sich ruhig, den ersten Schritt __________, auch wenn es schwer fällt, ein Gespräch __________. Keine Angst vor Banalitäten! Versuchen Sie nicht, etwas besonders Kluges __________. Es ist viel wichtiger, sich überhaupt __________. Beim Thema „Wetter" ist es viel leichter, ins Gespräch __________. Versuchen Sie keine „geschlossenen" Fragen __________, die nur kurze, knappe Antworten verlangen. Fragen Sie „Warum?" oder „Wie kommt es, dass …?". Auf diese offenen Fragen bekommen Sie normalerweise eine längere Antwort. Und so kommt vielleicht ein Gespräch in Gang.

Sie bereiten einen Workshop zum Thema „Feiern mit Erfolg" vor. Schreiben Sie einen kleinen Ratgeber zum Thema.

Sich streiten und versöhnen

❶ Ihr Freund hatte Streit mit seiner Partnerin. Geben Sie ihm Tipps.

Ich rate dir, deine Partnerin nicht anzuschreien.

Ich rate/empfehle dir, …
Vergiss nicht, …
Ich schlage dir vor, …
Versuch doch, …

den Partner nicht anschreien
die eigenen Gefühle eingestehen
Pauschalurteile vermeiden
beim Thema bleiben
den Partner ausreden lassen
trotz Streit Interesse für den anderen zeigen
nicht ironisch werden
keine Vorwürfe machen
den Grund des Streits nicht vergessen
Vergangenes nicht aufwärmen
dem anderen gut zuhören
rechtzeitig aufhören

Beim Streiten dürfen wir nicht vergessen, dass nicht der ganze Mensch uns ärgert oder unser Feind ist, sondern dass dieser Mensch nur eine Eigenschaft oder eine Meinung hat, die uns im Moment Probleme macht.

❷ Worauf kommt es beim Streiten an?

Beim Streiten ist es wichtig, Probleme nicht zu verdrängen oder runterzuschlucken.

- ▶ dass man Probleme nicht verdrängt oder runterschluckt
- ▶ dass man sich dem Problem stellt
- ▶ dass man seinen Standpunkt klarstellt
- ▶ dass man seinen Ärger gleich ausspricht
- ▶ dass man größere Probleme aufs Wochenende verschiebt
- ▶ dass man vorher überlegt, was man sagen will
- ▶ dass man immer Blickkontakt hält
- ▶ dass man nicht vor dem Schlafengehen, im Auto oder beim Essen streitet
- ▶ dass man im Auge behält, was positiv an der Beziehung ist
- ▶ dass man keinen Schuldigen und keinen Sieger sucht
- ▶ dass man gemeinsam nach Lösungen sucht

❸ Formulieren Sie 8 Streitverbote.

Es ist völlig falsch, ohne Pause zu reden.

Es ist nicht richtig, …
Es ist nicht in Ordnung, …
Es ist verboten, …
Es ist (völlig) falsch, …

Reden Sie ohne Pause.
Lassen Sie Ihren Partner nicht zu Wort kommen.
Streiten Sie „vor Publikum".
Hören Sie Ihrem Partner nie zu.
Geben Sie dem Partner die Schuld für den Streit.
Wühlen Sie in der Vergangenheit.
Verwenden Sie oft die Wörter „immer" und „nie".

❹ Was erleichtert die Versöhnung? Ergänzen Sie.

Beim Streit versuche ich, wirklich zuzuhören.

zuhören	zusammenfassen	aneinander vorbeireden	sagen	erklären

Anna, 43: Beim Streit versuche ich, wirklich ______________. Ich überlege, was mein Partner ______________ will, während er sich bemüht, mir sein Problem ______________. Ich frage immer nach, was mein Freund wirklich meint. Ich versuche mit meinen eigenen Worten ______________, was er gesagt hat. Denn in der Hitze des Streits besteht die Gefahr, total ______________________.

bleiben	eskalieren	sagen	werden

Verena, 31: Ich habe kein Problem, klipp und klar ______________, was mir nicht passt. Dabei ist es wichtig, nicht wütend oder sarkastisch ______________. Das erfordert meist etwas Übung. Es lohnt sich aber, ruhig ______________. Denn so lasse ich den Streit nicht ______________.

streiten	abbrechen	kehren	vertagen

Bernd, 24: Wenn meine Freundin und ich uns schon zu sehr aufgeregt haben, um noch konstruktiv streiten zu können, bestehe ich darauf, den Streit ______________ oder ______________. Am nächsten Tag hat man oft keine Lust, über das Problem von gestern ______________. Allerdings finde ich es nicht richtig, das Problem unter den Teppich ______________.

Schreiben Sie einen kleinen Ratgeber zum Thema „In der Partnerschaft richtig streiten – so funktioniert es!"

Leben mit Musik

„Ohne Musik wäre das Leben ein Irrtum", sagte Friedrich Nietzsche. Ob als Hobby oder als Beruf – Musik macht unser Leben schöner.

❶ Ergänzen Sie *zu*, wo nötig.

Alexa, 18: Ich habe mit vier angefangen ___ singen. Seitdem ist klar: Ich möchte später etwas mit Gesang ___ machen. Denn ich kann mir mein Leben ohne Musik nicht ___ vorstellen. Vor fast sechs Jahren habe ich angefangen, Gesangsunterricht ___ nehmen. Ich gebe mir viel Mühe, regelmäßig ___ üben. Nach dem Abitur will ich erst mal ___ reisen, aber danach werde ich ___ studieren. Ich habe vor, mich an Schauspiel- und Musikschulen ___ bewerben. Falls es nicht klappt, habe ich vor, ins Ausland ___ gehen. Ich fühle mich einfach gut, wenn ich singe, und hoffe, damit Geld verdienen ___ können. Es macht mir Spaß, mit dem Mikrofon auf der Bühne ___ stehen. Vor ein paar Monaten hat ein Freund mir angeboten, als DJ ___ arbeiten. Ich finde es toll, im Mittelpunkt ___ stehen und für die Stimmung auf einer Party ___ sorgen. Auf die Dauer wird es mir allerdings zu monoton, nur Platten auflegen ___ dürfen. Viel interessanter ist es, etwas selbst ___ produzieren, langsam an einem Stück ___ arbeiten, eigene Ideen verwirklichen ___ können. Ich versuche gerade mit ein paar Freunden eine CD ___ produzieren. Es wäre schon toll, einen Hit ___ landen. Ich gehe selbst oft in Konzerte und es macht mir Spaß, die Partituren ___ lesen. Dann kann ich mich viel besser in ein Musikstück ___ hineinversetzen. Ich habe mir fest vorgenommen, eine professionelle Musikerin ___ werden.

Musik beruhigt, entspannt und macht gute Laune. Sie kann aber auch nerven und aggressiv machen. Musik bedeutet den meisten Menschen sehr viel.

❷ Was bedeutet Musik für Sie?

Musik bedeutet für mich, in eine andere Welt einzutauchen.

Musik bedeutet für mich, …

- dass ich in eine andere Welt eintauche.
- dass ich den alltäglichen Problemen entkomme.
- dass ich beim Hören meine Freude an der Musik mit anderen teile.
- dass ich meinen Gefühlen freien Lauf lassen kann.
- dass ich auf diese Weise das Leben genieße.
- dass ich meine Gefühle und Emotionen ausdrücken kann.
- dass ich zur Ruhe komme.
- dass ich mir Zeit nehme.
- dass ich mein Lebensgefühl zum Ausdruck bringen kann.

…

Eine Studie belegt: In Deutschland hat bereits jeder vierte junge Mensch einen Hörschaden. Der Grund: Freizeitlärm – zu laute Musik aus Kopfhörern, in Diskos und auf Konzerten.

❸ Musik: zu viel, zu laut? Schreiben Sie den Text um.

Für junge Leute ist es selbstverständlich, überall Musik zu hören: beim Einkaufen, im Bus, in den Pausen oder während der Hausaufgaben.

Für junge Leute ist es selbstverständlich, dass sie überall Musik hören: beim Einkaufen, im Bus, in den Pausen oder während der Hausaufgaben. Es ist ihnen wichtig, dass sie überall ihre eigene Musik dabeihaben.
Doch viele Jugendliche neigen dazu, dass sie ihre Musik mit maximaler Lautstärke genießen. Dagegen appellieren Ärzte an die jungen Leute, dass sie ihre MP3-Player nicht voll aufdrehen. Denn die Gefahr ist groß, dass man dabei die Ohren nach und nach schädigt. Deswegen fordern die Ärzte, dass man in Diskotheken und bei Konzerten den Dauerschallpegel auf 95 Dezibel begrenzt.
Für viele Jugendliche bedeutet Musikhören, dass sie sich entspannen und die alltäglichen Probleme hinter sich lassen. Es ist also sehr wichtig, dass sie dabei keine Schäden davontragen.

❹ Was macht einen Musiker / eine Musikerin zum Star?

Es ist wichtig, Talent und eine individuelle Stimme zu haben.

wichtig sein	Talent und eine individuelle Stimme haben
von Vorteil sein	gut aussehen
versuchen	seinen eigenen Stil entwickeln
keine Angst haben	experimentieren und etwas Neues probieren
immer eine Möglichkeit suchen	sich von anderen unterscheiden
nie die Chance verpassen	mit der Presse sprechen
sich Mühe geben	vom Publikum akzeptiert werden
können	den richtigen Stilmix schaffen
notwendig sein	nach ersten Erfolgen am Ball bleiben
bereit sein	hohe Ansprüche an sich selbst stellen
nicht vergessen	an der eigenen Perfektion arbeiten
wichtig sein	auch bei schlechter Kritik gelassen bleiben
immer Zeit finden	Autogramme schreiben
nicht vergessen	Fanbriefe beantworten

Porträtieren Sie einen populären Musiker / eine populäre Musikerin aus Ihrer Heimat. Erklären Sie, warum er/sie so beliebt ist. Berichten Sie.

Schnelles Essen

Nach aktuellen Umfragen isst jeder Siebte zwischen 14 und 24 Jahren mindestens viermal die Woche Fastfood. Ein Hamburger als Zwischenmahlzeit ist nicht so schlimm. Problematisch wird es dann, wenn die Ernährung fast nur noch aus Fastfood besteht.

1 Formulieren Sie die Sätze um.

Fastfood wird als schnelles, billiges Essen definiert.

Fastfood definiert man als schnelles, billiges, in der Regel fettes Essen.
Dazu zählt man Pommes, Pizza, Döner, Gyros, Bratwurst etc.
Man eröffnet immer neue Fastfood-Restaurants wie McDonalds, Burger King, Pizza Hut etc.
Hier konsumiert man Fastfood nicht nur zwischendurch, sondern als Hauptmahlzeiten.
Beim Essen in einem Fastfood-Restaurant spart man Zeit.
Man isst meistens ohne Besteck und Geschirr.
„Altmodische" Tischsitten beachtet man nicht.
Gerade Jugendliche schätzen die ungezwungene Atmosphäre der Fastfood-Restaurants.
Immer öfter isst man einfach, was schmeckt, egal, ob es gesund ist oder nicht.
Schon mit einem Hamburger überschreitet man die täglich empfohlene Fettdosis.
Vitamine, Mineralstoffe und Ballaststoffe vergisst man dabei.

2 Schreiben Sie die unterstrichenen Textstellen um.

Da werden eben Fertiggerichte gemacht.

Ina, 27: Ich mag Fertiggerichte. Manchmal bin ich einfach viel zu faul, um mir selbst noch was zu kochen. Da macht man eben Fertiggerichte, das geht einfach und schnell. Man schiebt sie einfach in den Backofen oder in die Mikrowelle, man wartet ein paar Minuten, und fertig. Außerdem schafft man immer einen relativ großen Vorrat an und muss nicht ständig nachsehen, ob man noch was zu essen hat. Fertiggerichte sind preiswert und schmecken. Die Supermärkte bieten eine ziemlich große Auswahl. Da isst man nicht jedes Mal oder jeden Tag dasselbe. Sehr gut finde ich, dass man Fertiggerichte in kleinen Portionen anbietet, denn ich bin Single und ich esse tatsächlich auch nur eine Portion.

Hannes, 35: Ich halte nicht viel von Fertiggerichten, weil das meiner Meinung nach nicht gesund sein kann, wenn man die Nahrung mit so vielen Zusatzstoffen künstlich anreichert, und am Ende weiß man gar nicht mehr, was da so alles drin ist. Außerdem produziert man so ziemlich viel Müll. Und es schmeckt auch alles irgendwie gleich, ein bisschen fade und nicht frisch. Ab und zu esse ich auch Fertiggerichte, aber man serviert doch dem Liebsten nicht jeden Tag eine Dosensuppe. Denn Liebe geht bekanntlich durch den Magen. Das vergisst man heutzutage oft.

3 Formulieren Sie Regeln für eine gesunde Ernährung am Arbeitsplatz.

Am besten wird in zwei Etappen gefrühstückt.

- am besten in zwei Etappen frühstücken
- kleine Mahlzeiten aus Obst, Joghurt oder dünn belegten Broten über den Tag verteilen
- nicht nebenbei essen
- das Essen in einer wirklichen Pause fern vom Schreibtisch genießen
- Fastfood durch Gemüse, Obst, Vollkorn- und Milchprodukte ergänzen
- belegte Brote durch Salatblätter, Gurkenscheiben oder eine Gemüsebeilage aufwerten
- auf das Essen an der Imbissbude oder an der Theke einer Metzgerei verzichten
- durch mitgebrachte Snacks auch noch Geld sparen
- mangelnde Konzentrationsfähigkeit durch Obst, Gemüse und Milchprodukte ausgleichen

Viele Menschen greifen auf Fertiggerichte zurück und haben stets einen Vorrat davon zu Hause. Andere sind ganz gegen die Produkte aus Dosen, Tüten und Tiefkühltruhen.

4 Äußern Sie Ihre Meinung.

Bei Fertiggerichten finde ich es gut, dass beim Kochen Zeit gespart wird. Aber mir gefällt nicht, dass Geschmacksverstärker eingesetzt werden.

Pro

Man spart Zeit beim Kochen.
Fertigprodukte kann man auf Vorrat kaufen.
Man verkauft Fertigprodukte auch in kleinen Portionen.
Fertigprodukte portioniert man leichter und genauer.
Fertigprodukte ermöglichen eine größere Speisenauswahl unabhängig von der Saison.
Fertiggerichte muss man nicht kochen, man wärmt sie nur auf.

Contra

Bei Fertigprodukten setzt man Geschmacksverstärker ein.
Man verwendet viele Zusatzstoffe.
Menschen verzichten auf Kochen und Kochkultur.
Menschen verlernen das Kochen.
Man produziert viel Abfall.
Bei Fertigprodukten unterschätzt man die Gefahren für die eigene Gesundheit, z. B. das Allergierisiko.

Wie wird die Kochkultur in den nächsten Jahrzehnten aussehen? Wie wird gekocht, was wird gegessen? Lassen Sie Ihre Fantasie spielen.

Wellness-Tipps aus aller Welt

Ob als Küchengewürze, Duftstoffe oder Körperöle – Kräuter stimulieren Körper und Geist.

1 Wozu sind Kräuter gut? Formen Sie die Sätze um.

Mit Pfefferminze wird der Schlaf gefördert.

Pfefferminze fördert den Schlaf.
Zimt regt den Appetit an.
Lavendel beruhigt und entspannt die Haut.
Birkenblätter beleben den Körper.
Zitronenmelisse beruhigt den Magen.
Johanniskraut heilt leichte Depressionen.
Lindenblüten senken das Fieber.
Stiefmütterchen lindert den Husten.

2 Was kann Yoga bewirken?

Das Immunsystem wird gestärkt.

das Immunsystem stärken
90% der Muskulatur trainieren
die Kondition verbessern
Beine und Oberkörper effektiv trainieren
das gesamte Wohlbefinden fördern
die Abwehrkräfte aktivieren
die Verdauung regulieren
den Puls beschleunigen
den Kreislauf ankurbeln
die Haut straffen und mit Sauerstoff versorgen
den Körper jung halten
die Glücksgefühle durch Bewegung stimulieren

3 Verfassen Sie eine Anzeige für ein Wellnesshotel.

Verehrte Kurgäste!
In unserem Hotel werden Sie von geschultem Personal verwöhnt.

Sie	freundliche Atmosphäre	beleben
Ihr Körper	zahlreiche Wellnessangebote	abbauen
Ihre Sinne	geschultes Personal	stärken
Ihr Selbstbewusstsein	feine Düfte	verwöhnen
Ihr Appetit	Fitnessübungen	steigern
Ihr Wohlbefinden	Meditation und Yoga	fördern
Spannungen	leckere Speisen und Getränke	reduzieren
Stress	sanfte Massagen	verbessern
Ihre Stimmung	ein Saunabesuch	in Schwung bringen
Ihre Leistungsfähigkeit	Entspannung und Bewegung	aufhellen

Sie leiden unter Verspannungen und Kopfschmerzen? Höchste Zeit, eine Wellness-Pause einzulegen! Verwöhnen Sie sich von Kopf bis Fuß …

In keiner anderen Sauna werden die Besucher mit Tee und Gebäck verwöhnt.

❹ Schreiben Sie die unterstrichenen Passagen um.

Hamam (*türkisch*): Dampf ablassen

Das Hamam wird bei uns immer beliebter. Kein Wunder – in keiner anderen Sauna verwöhnt man die Besucher mit Tee und Gebäck. Und nur hier reibt ein „Badediener" Sie mit einem groben Waschhandtuch ab, seift Sie ein und massiert Sie. Danach fühlt man sich wie neu geboren.

Schön und gesund wie in Indien

Ayurveda ist eine uralte indische Tradition: Mit dieser Wellnessmethode beugt man Krankheiten vor und verbessert die Lebensqualität. Wie? Mit Ölmassagen, Tees und Kräutern, mit Verjüngungs- und Schlankheitskuren sowie belebenden Therapien.

Manche mögen's minzig!

Pfefferminze schmeckt nicht nur wunderbar frisch, sie ist auch äußerst gesund. Minze verwendet man gegen Übelkeit und Krämpfe. In Marokko ist Pfefferminztee das Nationalgetränk Nummer eins. Den sehr heißen Tee schlürft man laut aus verzierten Teegläsern. Effekt: Die hohe Temperatur des heißen Getränks bringt den Körper dazu, abzukühlen. Man kann frischen gesüßten Minztee als eine gute Alternative zur Tasse Kaffee gegen das Mittagstief trinken. Probieren Sie es doch mal aus: Die Minze erfrischt den Körper und der Zucker macht ihn wach!

Düfte beruhigen!

Die Aroma-Therapie ist wohl die angenehmste Anwendung von ätherischen Ölen. Sie bringt innere Ausgeglichenheit. Man setzt sie allein oder begleitend zu anderen Therapien ein. Ein Bad mit Kamillen- und Lavendel-Aroma kann wahre Wunder wirken. Kamille beruhigt die Haut, Lavendel beruhigt die Seele. Sogar depressive Verstimmungen lösen sich mit diesen Aromen in Luft auf. Zimt wärmt den Körper, beruhigt den Geist und hebt die Stimmung. Angenehme Düfte bauen Stress ab und lösen Verspannungen.

Wie bringen Sie Ihren Körper wieder in Schwung? Notieren Sie einige persönliche Tipps.

Kochen für alle

Der neue Spaß am Kochen. In den Medien wird versucht, eine neue Leidenschaft für das Kochen zu wecken.

❶ Was kann Kochen alles bewirken?

Stress wird durch Kochen erfolgreich abgebaut.

Kochen baut Stress erfolgreich ab

Candle-Light-Dinner rettet Beziehung

Beim Kochen Umgang mit Lebensmitteln neu lernen

Alte Rezepte neu entdecken

Neue Rezepte machen das Kochen leichter

❷ Formen Sie den Text um. Verwenden Sie, wo sinnvoll, das Passiv.

Es wird mit exotischen Gewürzen experimentiert und mit Neugier und Offenheit jede Zutat getestet, die man noch nicht kennt.

Kochen mit Freunden

Viele Menschen gestalten den Umgang mit Kochlöffel, Mixer und Schneebesen zum aufregenden Event. Man experimentiert mit exotischen Gewürzen und testet mit Neugier und Offenheit jede Zutat, die man noch nicht kennt. Wenn man der Presse glauben kann, tut sich in Deutschland ein neuer Trend auf: das gemeinsame Kochen mit Freunden.

Der Gastgeber / Die Gastgeberin plant das Menü, kauft die Zutaten ein und weist den Teilnehmern Aufgaben zu. Die Kosten teilt man. Anschließend kocht man gemeinsam. In einer lockeren Atmosphäre schließt man so auch leicht neue Freundschaften. Man bringt viele Ideen aus dem Urlaub mit. Typische Zutaten der einzelnen Landesküchen tauscht man daheim durch ähnliche einheimische Produkte aus.

Beim Kochen plant man auch die Zeit zum Genießen ein. Bei Stress und Zeitdruck verschiebt man das gemeinsame Kochen am besten auf ruhigere Tage oder das Wochenende. Dann erträgt man kleine Katastrophen auch leichter, die einfach mit dazugehören.

Kochen macht Spaß, es fördert auch das gesellige Zusammensein mit Freunden. Man verbringt gemütliche Stunden miteinander und redet über vieles. Beim Kochen verbessert man vielleicht sogar das Klima innerhalb Familie. Und man baut am Feierabend den Alltagsstress ab.

Macht es Ihnen Spaß, stundenlang in der Küche zu stehen? Oder ist Kochen für Sie eine notwendige, aber eher lästige Angelegenheit?

3 Welcher Kochtyp sind Sie? Verwenden Sie das Passiv.

Ich finde es (nicht) gut, wenn am späteren Abend noch etwas Leckeres gekocht wird.

- am späteren Abend noch etwas Leckeres kochen
- nicht auf Vorrat einkaufen
- mit den Zutaten aus dem Kühlschrank improvisieren
- immer wieder die gleichen Gerichte kochen, nicht experimentieren
- auch den Wok oder die Auflaufform benutzen
- sich Kochideen aus einem alten Kochbuch holen
- nach den Rezepten von Mutter und Großmutter kochen
- schöne Bilder in den Zeitschriften inspirieren zum Kochen
- unter der Woche Fertiggerichte aus dem Tiefkühlfach essen
- frisch einkaufen, was man braucht, oder improvisieren
- selbst gemachte Gerichte einfrieren
- nach dem Lust-Prinzip essen

4 Bilden Sie Sätze mit *von* oder *durch*.

Gutes Kochen wird durch Nachmachen erlernt.

Gutes Kochen wird erlernt. (das Nachmachen)
Auch die schwierigsten Kochtricks werden eingeübt. (das ständige Training)
Der Koch-Unterricht wird an vielen Schulen wieder eingeführt. (das Kultusministerium)
Selbst Kochmuffel werden zum Kochen animiert. (neue Kochsendungen)
Kochen wird immer öfter zu einem Event gemacht. (junge Leute)
Junge und alte Hobbyköche werden inspiriert (schön gemachte Kochbücher)
Mithilfe guter Kochbücher werden feinste Gerichte gezaubert. (die Köche und Köchinnen)
Das so genannte Co-Cooking, Kochen mit Freunden, wird angepriesen. (die Werbung)
Es werden auch Freundschaften geschlossen. (das gemeinsame Kochen und Essen)
Die hohe Schule der Kochkunst wird vermittelt. (die prominenten Starköche)

Erzählen Sie von der Kochkultur und den Kochtraditionen Ihres Heimatlandes.

Umweltschutz = Menschenschutz

1 Unserer Umwelt geht es schlecht. Was wurde falsch gemacht?

Die Natur wurde durch die Industrialisierung zerstört.

- die Zerstörung der Natur durch die Industrialisierung
- die Verschmutzung der Atmosphäre
- die Vergiftung der Luft
- die Ausrottung großer Teile der Tier- und Pflanzenwelt
- die Rodung der Regenwälder
- die Störung der empfindlichen Ökosysteme
- die Belastung der Meere und Flüsse durch Chemikalien
- die Ausbeutung der natürlichen Ressourcen
- die Vergiftung des Grundwassers in manchen Regionen
- die Verbauung vieler Landschaften

2 Mensch und Umwelt: eine glückliche Beziehung? Äußern Sie sich dazu.

Ich finde es gut, dass viele Regionen fruchtbar gemacht wurden.
Aber ich finde es schlimm, dass manche Gebiete radioaktiv verseucht wurden.

Pro

- viele Regionen fruchtbar machen
- Umweltprobleme analysieren
- nach Lösungswegen suchen
- das Umweltbewusstsein fördern
- die Umwelt schonende Technologien entwickeln
- Sonnen- oder Windenergie verstärkt einsetzen
- immer mehr Recycling-Papier und Mehrwegflaschen benutzen
- Menschen über Umweltprobleme informieren
- internationale Abkommen zum Umweltschutz unterzeichnen

Contra

- manche Gebiete radioaktiv verseuchen
- viele Flüsse und Bäche verschmutzen
- uralte Bäume fällen
- so viel Müll produzieren
- die Schadstoffbelastung der Luft erhöhen
- Lebensräume vieler Tiere zerstören
- viele Teiche und Seen leer fischen
- das Grundwasser durch Düngemittel vergiften

3 **Bewerten Sie ein bis zwei Umweltschutz-Projekte der letzten Jahre.**

Bis vor einigen Jahren wurden giftige Abwässer in den Baikalsee geleitet.
Jetzt wurde der Baikalsee ganz von einer Küstenschutzzone umgeben.

Wasser ist Leben. Sauberes Wasser ist sehr kostbar. Deshalb erklärten die Vereinten Nationen das Jahr 2003 zum Jahr des Wassers.

4 **Formen Sie die Sätze wie im Beispiel um.**

Der Zugang zu sauberem Wasser wurde als ein Grundrecht aller Menschen anerkannt.

Man erkannte den Zugang zu sauberem Wasser als ein Grundrecht aller Menschen an.
Man verbesserte die Wasserversorgung in vielen Ländern Afrikas und Asiens.
In den letzten Jahren verstärkte man die Maßnahmen zum Wasserschutz.
Man prüfte und überwachte die Wasserqualität.
Man baute moderne Kläranlagen.
Viele Milliarden US-Dollar investierte man in die Versorgung der Menschen mit Wasser.
Man rief die Menschen zu einem sparsamen Umgang mit Wasser auf.
Mit vielen Aktionen machte man die Menschen auf das Problem Wasserschutz aufmerksam.
Man führte diese Aktionen in vielen Ländern durch.
Man organisierte Workshops, Ausstellungen und Konferenzen.
Man forderte die Menschen auf, Wasser zu sparen.

5 **Schreiben Sie den Text um. Verwenden Sie, wo sinnvoll, das Passiv Präteritum.**

Schon vor Jahrhunderten wurde das Wasser vom Menschen als Transportweg genutzt.

Schon vor Jahrhunderten nutzte der Mensch das Wasser als Transportweg. Anfangs mit Flößen und kleinen Booten oder Dampfschiffen. Mit der Zeit wuchs die Transportmenge und die Schiffe wurden immer größer. Irgendwann waren die Flüsse zu klein. Also baute man sie aus. Man schuf Staustufen, um den Wasserpegel konstant zu halten. Man befestigte die Ufer. Man zwang die Flüsse in ein enges Korsett und machte sie so für große Schiffe zugänglich. Man baute Kanäle, um die Flüsse und die Industrieregionen miteinander zu verbinden.

Dadurch zerstörte man natürliche Flusslandschaften und vertrieb seltene Tierarten. Man investierte Milliarden in den Flussausbau, aber die deutsche Binnenschifffahrt steht außerhalb des Rheingebietes sehr schlecht da. Die Transportzahlen auf der Elbe und der Saale gehen zurück. Eine neue Flusspolitik ist unumgänglich.

Wie hat sich die Umweltsituation in Ihrem Land / in Ihrem Heimatort in den letzten Jahrzehnten verändert? Beschreiben Sie. Gehen Sie dabei auf Fehler und Erfolge in Sachen Umweltschutz ein.

Urlaub zu Hause

Die Ferienzeit steht vor der Tür und nicht alle können oder wollen sich einen Urlaub in der Ferne leisten. Urlaub zu Hause kann auch richtig schön sein!

1 Bilden Sie Sätze aus den Zeitungsüberschriften.

Sehenswertes kann auch in der unmittelbaren Umgebung entdeckt werden!

Sehenswertes in der unmittelbaren Umgebung entdecken

Einen Sommertag am nahe gelegenen See verbringen

Besuch im Erlebnisschwimmbad sorgt für Urlaubsstimmung

Tropische Pflanzen und Tiere im Zoo und Botanischen Garten erleben

Den Tag mit einem spannenden Roman versüßen

In einem Restaurant Spezialitäten aus anderen Ländern probieren

2 Sammeln Sie Argumente für einen Urlaub zu Hause.

Für den Urlaub zu Hause müssen keine dicken Reiseführer und Stadtpläne besorgt werden.

- keine dicken Reiseführer und Stadtpläne besorgen
- keine teure Reiseversicherung abschließen
- kein Hotelzimmer reservieren
- keine neue Kleidung kaufen
- keine schweren Koffer schleppen
- keine Schutzimpfungen durchführen
- kein Geld für die Reiseapotheke ausgeben
- keine Urlaubskarten schreiben
- keine Souvenirs kaufen
- keine teuren Museen besichtigen

Wenn auch Sie zu den Menschen gehören, für die in diesem Jahr die Urlaubsreise ausfällt, lassen Sie den Kopf nicht hängen. Genießen Sie den Urlaub zu Hause!

Das Schönste am Urlaub zu Hause ist, dass die Zeit frei eingeteilt werden kann.

❸ Formen Sie die unterstrichenen Sätze um.

Das Schönste am Urlaub zu Hause ist, dass man seine Zeit frei einteilen kann. Man kann sie ohne Termindruck, ohne berufliche Pflichten nutzen und die private Umgebung verschönern. Man kann die Wohnung renovieren und die Terrasse mit Pflanzen dekorieren. Dennoch sollte man zumindest ein paar Tage ganz „ohne Plan" verbringen. Beim Urlaub zu Hause kann man viel Geld und Energie sparen. Man muss schließlich kein teures Hotel bezahlen. Und auch die Umwelt wird weniger belastet. Wenn man sich für den Urlaub zu Hause entscheidet, muss man keine Ansichtskarten schreiben. Außerdem kann man machen, was man sich immer schon vorgenommen hat: eine Höhlenwanderung, ein Kinobesuch, eine Wanderung, Bungee-Springen … Zu Hause lockt das Schwimmbad oder der See, man kann eine Fahrradtour machen oder eine Ausstellung besuchen.

Damit der Urlaub zu Hause ein Erfolg wird, kann der eigene Balkon in ein Strandcafé umgestaltet werden.

❹ Schreiben Sie einen Zeitungsartikel mit Tipps für einen Urlaub auf dem eigenen Balkon.

- den eigenen Balkon in ein Strandcafé umgestalten
- gemütliche Strandstühle kaufen
- einen Sonnenschirm aufstellen
- den Balkon oder die Terrasse schön dekorieren
- exotische Blumen und mediterrane Kräuter pflanzen
- Kübel mit Palmen aufstellen
- eine CD mit den Sommerhits auflegen
- leckere Rezepte aus dem Traumurlaubsland kochen
- Freunde zu einer „Strand-Balkon-Party" einladen
- abends Cocktails mixen

Sie organisieren den Workshop „Ferien für Daheimgebliebene". Notieren Sie Ideen und Argumente für einen Urlaub zu Hause.

Hochbegabte: Sonntags- oder Sorgenkinder?

Hochbegabte Kinder sind neugierig, interessiert, wollen alles wissen. Aber sie langweilen sich bei Routineaufgaben schnell.

1 Wie kann man Hochbegabte fördern? Setzen Sie die Sätze ins Passiv.

Die hochbegabten Kinder sollen rechtzeitig erkannt werden.

Man soll die hochbegabten Kinder rechtzeitig erkennen.
Man soll sie systematisch fördern.
Die Begabung soll man durch unterschiedliche Aktivitäten anregen.
Den Kindern soll man vielfältige Anregungen wie Reisen, Kinobesuche, Ausflüge bieten.
Man soll die Kinder in ihrem Streben nach Wissen unterstützen.
Man soll die hochbegabten Kinder intensiv beschäftigen.
Diese Kinder soll man nicht mit hohem Leistungsdruck überfordern.

2 Was können Einzelne oder Institutionen für Hochbegabte tun?

Der Begriff „Hochbegabung“ muss von den Wissenschaftlern richtig definiert werden.

Die Wissenschaftler	den Begriff „Hochbegabung“ richtig definieren die Notwendigkeit von Fördermaßnahmen begründen begabte Kinder psychologisch testen
Das Kultusministerium	besondere Schulprogramme für Hochbegabte entwickeln Schulen für Hochbegabte organisieren Klassen für Hochbegabte einrichten kompetente Lehrkräfte ausbilden
Die Stiftungen	gezielte Förderung von Hochbegabten finanzieren
Schulen	Beratungsgespräche mit Eltern und Kindern durchführen Tipps zur Förderung geben
Die Lehrer	die begabten Kinder öfter aufrufen und loben die Begabten integrieren gutes Klassen- und Schulklima aufrechterhalten
Die Eltern	die Kinder beim Lernen unterstützen die soziale Kompetenz der Kinder entwickeln Kontakte zu Mitschülern fördern

Hochbegabte Kinder können vorzeitig eingeschult werden. Klassen dürfen von Hochbegabten übersprungen werden.

❸ Fordern und fördern: Beides ist wichtig.

- vorzeitige Einschulung
- Überspringen von Klassen
- Einrichtung von besonderen Klassen
- Eröffnung von Gymnasien mit erhöhten Anforderungen
- Stellung von Extra-Aufgaben mit erhöhtem Schwierigkeitsgrad
- Teilnahme am Unterricht höherer Klassen
- Anpassung der Aufgaben an das Leistungsniveau der Kinder
- Differenzierung des Unterrichts
- Besuch von Wahlfächern für höhere Klassen
- Verhinderung von Langeweile durch vielfältige Anregungen
- Kursangebote am Nachmittag und am Wochenende

Haben Kinder einen Intelligenzquotienten von über 130, kann von Hochbegabung gesprochen werden.

❹ Schreiben Sie den Text um. Verwenden Sie, wo sinnvoll, das Passiv.

Haben Kinder einen Intelligenzquotienten von über 130, kann man von Hochbegabung sprechen. Auf mindestens zwei Prozent trifft dies zu. Man kann die Hochbegabung meist schon in den ersten drei, vier Jahren bemerken. Etwa mit drei können viele schon erste Wörter lesen, mit vier fangen sie von sich aus an zu schreiben und mit fünf beherrschen sie das kleine Einmaleins. Die begabten Kinder sind einfach anders. Man soll diese Kinder anders als die Gleichaltrigen behandeln.

Aber nicht immer kann man Hochbegabung früh erkennen. Viele dieser Kinder wollen um keinen Preis auffallen und passen sich stark an. Sie wollen oder können ihre Fähigkeiten nicht zeigen. Die Folgen sind: Langeweile, Unaufmerksamkeit und mittelmäßige Noten.
Bei einigen Kindern kann man die hohe Intelligenz erst in bestimmten Problemsituationen erkennen. Sie ziehen sich extrem zurück oder spielen in der Schule den Klassenkasper.

Die emotionale und körperliche Entwicklung eines begabten Kindes hinkt der geistigen meist weit hinterher. Da muss man auch etwas tun. Man sollte die Kontakte des Kindes zu den anderen unterstützen, sowohl zu „normalen" wie auch zu anderen hochbegabten Kindern. Vor allem körperlich muss man viele Hochbegabte fördern.
Ein kleines Genie in der Familie zu haben ist auch für die Eltern anstrengend. Man sollte seinem Kind immer genügend intellektuelles „Futter" beschaffen. Man muss viel Spielzeug und Material zum Basteln und Bauen besorgen.

Ist Hochbegabung ein Privileg oder kann es auch ein Nachteil sein? Was denken Sie? Schreiben Sie ein kurzes Statement zum Thema.

Gute Bücher – schlechte Bücher

❶ **Was lesen Sie gern, was nicht?**

Ich lese gern romantische Liebesromane, aber ich mag keine langweiligen Biografien.

Gedichte · Krimis · Abenteuerbücher · Thriller · Märchen · Reiseberichte · Fantasy-Geschichten · Biografien · Liebesromane · Kochbücher · Sachbücher · Horrorgeschichten · Jugendromane · Memoiren

interessant · spannend · langweilig · gut · klug · romantisch · amüsant · gut gemacht · informativ · witzig · unterhaltsam · humorvoll · klischeehaft · trocken

❷ **Haben Sie ein Lieblingsbuch? Erzählen Sie.**

Ich mag am liebsten spannende Zukunftsromane …

❸ **Ergänzen Sie die Adjektivendungen.**

Roland, 61: Ich mag historisch___ Romane. Mein Lieblingsbuch ist der bekannt___ Roman von Thomas Mann „Der Zauberberg". Es ist ein umfangreich___, an manchen Stellen auch schwierig___ Werk. Aber es gibt darin faszinierend___ Dialoge und exakt beschrieben___ Charaktere. Wer etwas über die damalig___ Zeit wissen möchte, der kommt am „Zauberberg" nicht vorbei. Gut___ Stoff, wunderbar geschrieben – ein echt___ Meisterwerk!

Isabel, 31: Ich lese sehr viel. Manchmal einen inspirierend___ Klassiker, manchmal einen spannend___ Krimi. Mein absolut___ Lieblingsbuch ist „Der Alchimist" von Paulo Coelho. Es ist eine einfach___, märchenhaft___ Geschichte über die gefährlich___ Reise des Hirtenjungen Santiago in die Wüste, die zugleich eine Reise zu sich selbst ist. Sie enthält die philosophisch___ Botschaft, dass jeder seinen Träumen treu bleiben und sie leben soll.

Beate, 44: Am liebsten lese ich romantisch___ Liebesromane, die mein Sohn verächtlich „Schnulzen" nennt, dabei kann ich entspannen und mich vom täglichen Stress im Beruf erholen. Zurzeit lese ich den bekanntest___ Roman von Helen Fielding: „Schokolade zum Frühstück". Es ist eine traumhaft___ Geschichte, ein witzig___ Roman, den man nicht aus der Hand legen will.

Fritz, 27: Ich lese gern und oft, vor allem die so genannt___ Fantasy-Bücher. Allerdings finde ich die meist___ deutsch___ Übersetzungen schwach oder sogar schlecht, deshalb lese ich sie auf Englisch.

❹ Was macht ein Buch für Sie lesenswert?

Ein Buch ist für mich lesenswert, wenn es eine ungewöhnliche Geschichte und witzige Dialoge hat.

ungewöhnlich spannend witzig sentimental schön historisch aktuell romantisch traurig praktisch philosophisch überraschend

Geschichte Ende Thema Figuren Problematik Dialoge Tatsachen Situationen Humor Ideen Hintergrundwissen Informationen

❺ Formulieren Sie die Werbesätze um.

„Die Klassefrau" von Michelle Martin: ein witziger, lockerer, amüsanter Roman mit Charme

„Die Klassefrau" von Michelle Martin: witzig, locker, amüsant; ein Roman mit Charme
„Der Steppenwolf" von Hermann Hesse: ein Klassiker – tiefgründig und faszinierend
„Schokolade zum Frühstück" von Helen Fielding: ein Märchen – schön und amüsant
Die „Scheibenwelt-Romane" von Terry Pratchett: Superromane – wunderbar, fantastisch
„Das Superweib" von Hera Lind: Lesespaß pur, Figuren und Charaktere perfekt recherchiert
„Plötzlich ist es Abend" von Petra Morsbach: ein Romandebüt – grandios, vital und ironisch

❻ Welches Buch empfehlen Sie für welche Gelegenheit?

Für einen kurzen Urlaub empfehle ich einen leichten Liebesroman.

Für	einen	kurz___	Urlaub	einen	witzig___	Comic
	eine	entspannt___	Fahrt zur Arbeit	eine	spannend___	Liebesroman
	ein	täglich___	Abende	ein	schnulzig___	Krimi
	–	gemütlich___	Moment	–	unterhaltsam___	Thriller
		regnerisch___	Augenblicke		klug___	Abenteuerroman
		glücklich___	Wartezeiten		sentimental___	Kurzgeschichte
		lang___	Stunden		leicht___	Gedichte
		weit___	Reisen		historisch___	Anekdoten
		traurig___	Wochenende		lang___	Sachbuch

Ihr Freund / Ihre Freundin fährt in Urlaub und möchte ein paar Bücher mitnehmen. Welche würden Sie ihm/ihr empfehlen? Begründen Sie Ihre Auswahl.

Was ist wichtiger: Aussehen oder Charakter?

1 Ergänzen Sie die Adjektivendungen.

Das Aussehen bringt Menschen zusammen. Der Charakter hält sie zusammen. Was zählt also mehr: Charakter oder Aussehen?

Nina, 18: Ich glaube, beides muss stimmen. Ein Junge kann einen gut___ Charakter haben, aber dafür eine krumm___ Nase oder schlecht___ Zähne. Das finde ich nicht so angenehm.

Angelika, 28: Das Aussehen muss schon stimmen! Vor allem die Stimme. Wichtig ist für mich eine tief___ sanft___ Stimme. Solche Stimmen haben nur nett___ Männer.

Sebastian, 41: Ein sympathisch___ Aussehen und ein gut____ Charakter – das ist für mich die perfekt___ Mischung.

Patricia, 19: Einen angenehm___ Charakter finde ich sehr wichtig. Schön___ Menschen sind auch okay, aber sie müssen schon auch nett sein. Sonst ist mir der hässlich___ Quasimodo lieber, wenn er ein nett___ Lächeln für mich hat.

Matthias, 32: Gut___ Aussehen und gut___ Charakter findet man selten zusammen. Natürlich wäre das das Best___. Aber was ist schon gut___ Aussehen? So ein dürr___, stark geschminkt___ Model gefällt mir überhaupt nicht.

2 Was finden Sie schön? Was ist für Sie wichtig?

Gepflegte Hände gefallen mir sehr.

Ein	blond___	Aussehen		
Eine	strahlend___	Augen		
-	sportlich___	Charakter	ist / sind	schön / sympathisch
	lang__	Gesicht	gefällt / gefallen mir (sehr / gut)	
	glatt___	Haar	sieht / sehen (sehr) gut aus	
	rund__	Hände		
	voll__	Stimme		
	gepflegt__	Beine		
	nett___	Lächeln		
	schmal___	Haut		
	lockig__	Gesicht		
	hübsch___	Figur		

3 Wahre Schönheit kommt von innen. Bilden Sie Sätze wie im Beispiel.

Ein ___________er Mensch ist meistens ein ___________ er Freund / Partner / Arbeitskollege / Chef.

___________ e Menschen sind oft ___________e Freunde / Partner / Arbeitskollegen / Chefs.

Ein ehrlicher Mensch ist meistens ein treuer Freund.

selbstbewusst · kontaktfreudig · offen · arrogant · tolerant · fröhlich · ehrlich · lustig · witzig · schüchtern · frech · autoritär · nachdenklich · sensibel · intelligent · treu · freundlich · unsicher · freundlich · ungeduldig · verträumt · kreativ · hilfsbereit · spontan

4 Welchen Partner oder welche Partnerin wünschen sich diese Personen?

Nicole wünscht sich einen intelligenten und witzigen Mann. Er sollte gut aussehen und einen guten Charakter haben.

Mein Traummann:

Nicole, 21: intelligent, witzig, gut aussehend, nett, guter Charakter

Marianne, 27: ehrlich, treu, tierlieb, südländisch aussehend, romantisch

Verena, 18: Ich will, dass er pünktlich ist und immer zuverlässig.

Sina, 17: klug, lustig, sportlich, nicht zu groß, sanfter Charakter

Jessica, 31: zärtlich, humorvoll, sexy, auf keinen Fall schüchtern oder langweilig

Meine Traumfrau:

Dirk, 34: nett, treu, humorvoll und einfach nur süß

Kevin, 29: ehrlich, romantisch, verständnisvoll und natürlich hübsch

Phillip, 41: spontan, intelligent, fantasievoll, gepflegtes Aussehen

Beschreiben Sie zwei oder drei Menschen, die sie besonders mögen. Begründen Sie Ihre Sympathie.

Topfilme gesucht

❶ Welche Filme gefallen Ihnen?

Mir gefallen Filme mit toller Action und hervorragenden Schauspielern.
Filme zu aktuellen Themen und von guten Regisseuren sehe ich besonders gern.

spannend langweilig vorhersehbar absurd talentiert amüsant genial tragisch laut intelligent lustig gut stark aktuell schwach traurig hervorragend brutal traumhaft poetisch schön toll witzig düster

die Besetzung die Schauspieler die Story die Musik das Ende die Kulisse die Tricks die Themen die Action die Regie die Geschichte die Effekte das Design der Humor die Bilder die Regisseure

❷ Ergänzen Sie die Adjektivendungen.

Andrea, 58: Mein absoluter Lieblingsfilm ist „Frühstück bei Tiffany". Audrey Hepburn verzaubert den Zuschauer mit verträumt___ Charme und bemerkenswert differenziert___ Spiel. Ihr Song „Moon River" wurde oft kopiert, doch keine der Nachahmungen kann mit ihrer ungewöhnlich___ Stimme und der einzigartig___ Atmosphäre, die sie beschwört, konkurrieren.

Verena, 25: Mein Favorit ist der Film „Shakespeare in Love". Der Film gehört zu den zärtlichst___ und intelligentest___ romantisch___ Komödien der 90er Jahre, er besticht durch bezaubernd___ Stimmungen, strahlend___ Romantik, bissig___ Dialoge und geradezu teuflisch___ Klugheit – man kann ihm nicht widerstehen.

Teresa, 35: „Die fabelhafte Welt der Amélie" ist eine hübsch___ Liebesgeschichte mit einer stark__ Besetzung, liebenswert___ Charakteren und wunderschön___, bezaubernd___ Bildern.

Christian, 41: Ich sehe gern Filme von und mit Clint Eastwood. Er ist ein großartig___ Schauspieler und ein glänzend___ Regisseur. Sein letzt___ Film „Million Dollar Baby" ist ein beeindruckend___ Werk. Er berichtet von einem schwierig___ Weg aus dem Elend zum groß__ Erfolg.
Hilary Swank überrascht unter der hervorragend___ Regie von Clint Eastwood mit einer absolut__ Glanzleistung. Man sollte den Film unbedingt sehen: brillant__ Kino!

❸ Was ist Ihr Lieblingsfilm? Warum?

Ich mag immer noch die alten Hitchcock-Filme am liebsten, besonders ...

❹ Was kennzeichnet einen guten Film?

Ein guter Krimi ist meist ein Mix aus düsterer Geschichte und spannender Dramatik.

Ein guter Krimi ist meist ein Mix aus …
Eine gute Komödie ist oft eine bunte Mischung aus …
Ein guter Fantasy-Film ist oft eine geniale Mixtur aus …
Ein schönes Märchen ist immer eine spezielle Mischung aus …
Eine Komödie ist ein toller Mix aus …
Ein gelungener Historienfilm ist in der Regel eine faszinierende Mixtur aus …
Ein guter Trickfilm ist meist eine amüsante und unterhaltsame Mischung aus …
Ein richtiger Horrorfilm ist ein Mix aus …
Ein spannender Thriller ist eine Mischung aus …

spannend, toll, witzig, traditionell, talentiert, amüsant, genial, tragisch, laut, intelligent, lustig, gut, stark, ernst, düster, traurig, fantasievoll, schön, fein, poetisch, speziell

die Besetzung, die Schauspieler, der Witz, der Realismus, die Romanze, die Satire, die Tricks, das Thema, die Action, die Dramatik, die Geschichte, die Effekte, das Geheimnis, der Humor

❺ Schreiben Sie die Werbeanzeigen mit attributiven Adjektiven um.

„Indiana Jones": Gute Story, genialer Soundtrack, spannendes Abenteuer …

Die „Indiana Jones"-Filme von Steven Spielberg: Die Story gut, der Soundtrack genial, das Abenteuer spannend. Der Film – einfach herrlich! Unterhaltung pur!

Der Film „Zurück in die Zukunft" – absolut genial! Die Story fesselnd bis zum Schluss, die Special Effects lustig, die Darsteller alle spitzenmäßig. Die Musik unvergesslich – viele tolle Stücke der 50er und der 80er Jahre! Die Schauspieler – schräg und einfach großartig!

„Pretty Woman" – ein Hollywood-Märchen: amüsant und gefühlvoll. Julia Roberts wunderschön, Richard Gere charmant und unwiderstehlich. Super gemacht, mittlerweile ein Klassiker. Die Musik: herrlich romantisch.

Sie möchten erreichen, dass ein Film aus Ihrem Heimatland in den deutschen Kinos gezeigt wird. Entwerfen Sie einen Brief an den deutschen Filmverband, der die Verbreitung ausländischer Kino- und Fernsehfilme in Deutschland fördert, und werben Sie für den Film.

Lebensträume

Endlich mal das tun können, was man schon immer wollte, verborgene Talente entdecken oder sich kopfüber ins Abenteuer stürzen.

❶ Wenn Träume wahr werden. Ergänzen Sie die Adjektivendungen.

Hannes, 25: Schon als klein___ Junge klimperte ich auf unserem verstimmt___ Klavier alt__ Beatles-Songs und sang dazu. Und mein größt___ Traum war eine eigen___ CD, vielleicht zusammen mit einer bekannt___ Band. Nun ist mein Traum tatsächlich wahr geworden! Nächsten Monat erscheint mein erst___ eigen__ Soloalbum!

Sigrid, 43: Ein eigen___ Pferd habe ich mir immer schon gewünscht. Früher habe ich diese komisch___ Conny-Hefte gelesen und alle frei___ Tage auf dem klein___ Ponyhof am Stadtrand verbracht. Mein geliebt___ Mann hat mir dann zum 40. Geburtstag diesen verrückt__ Traum erfüllt. Nun bin ich glücklich___ und stolz___ Pferdebesitzerin.

Ulrike, 33: Meine Leidenschaft für ausgefallen___ Hüte geht bis in die Kindheit zurück. Als ich die Besitzerin eines klein___ Hutladens mit eigen__ Werkstatt kennenlernte, beschloss ich, die Schule vorzeitig abzubrechen und eine Lehre als Modistin zu machen. Ein groß__ Glück, da es nur wenig___ gut___ Ausbildungsplätze für diesen selten__ Beruf gibt. Nach ein paar schwer___ Jahren wurde nun endlich mein Traum vom eigen___ Laden wahr.

Stefanie, 51: Ich träume seit Jahren von Neuseeland. Durch Fotos, zahlreich__ Fernsehberichte und Diavorträge ist meine Leidenschaft für dieses faszinierend__ Land immer größer geworden. Der berühmt___ Kinofilm „Whale Rider" steigerte meine Begeisterung noch: diese toll___ Landschaft, diese vielfältig___ Kultur! Eines Tages bin ich dann einfach ins Flugzeug gestiegen: Ein ganz___ Jahr Neuseeland – die best___ Entscheidung meines Lebens!

Wolfgang, 44: Mein Traum war seit Jahren ein Fallschirmsprung. Mit einem modern___ Hubschrauber hinauf in den weit___ Himmel und dann die wunderbar___ Aussicht und das unbeschreiblich___ Gefühl der Freiheit genießen. Vor kurzem habe ich mir diesen lang gehegt___ Traum schließlich erfüllt. Es war unbeschreiblich!

❷ Was ist oder war Ihr größter Lebenstraum? Erzählen Sie.

Meine größte Leidenschaft ist das Schauspiel. Ich träume davon, einmal auf einer großen Bühne zu stehen oder bei einem Kinofilm mitspielen zu dürfen …

❸ Wovon träumen diese Menschen? Formulieren Sie die Texte um.

Ralph träumt von der berühmten Tour de France. Und er wünscht sich das Weiße Trikot für den besten Nachwuchsfahrer.

Ralph, 17: Seit 7 Jahren trainiere ich mit dem Fahrrad. Mein ganz persönlicher Traum ist die berühmte Tour de France. Das Weiße Trikot für den besten Nachwuchsfahrer und irgendwann vielleicht das Gelbe Trikot – das wäre gigantisch!

Bernd, 44: Ich bin Hobbykünstler. Und seit langem habe ich einen Traum – meine eigene Ausstellung mit Vernissage. Ein toller Empfang, viele bekannte Künstler, begeisterte Artikel in der Presse – so stelle ich mir das vor.

Roberta, 27: Eine echte Harley Davidson wäre einfach super. Eine endlos lange Straße, sanfte Kurven, tolle Landschaften und dazu das unvergessliche Gefühl von Freiheit und Abenteuer.

Holger, 42: Mein größter Traum wäre ein kleiner Bioladen in meiner Stadt. Viele nette Kunden. Innere Ausgeglichenheit, das sichere Gefühl, im Einklang mit der Natur zu leben und die ökologische Landwirtschaft zu fördern sind mir sehr wichtig.

Brigitte, 52: Ein Sabbatjahr, eine einjährige Pause vom stressigen Beruf und vielleicht eine Reise um die Welt – das ist mein riesengroßer Wunsch. Und natürlich eine stabile Gesundheit.

❹ Welches Motto könnte man dem Leben geben?

Besser ein großes Haus mit einer sonnigen Terrasse als eine kleine Wohnung mit einem winzigen Balkon!

ein Haus – groß – mit – sonnig – eine Terrasse – kleine – eine Wohnung – mit – winzig – ein Balkon

ein Leben – lang – lustig – ohne – lästig – Sorgen – ein Leben – kurz – mit – schwer – Sack voller Probleme

ein Partner – unternehmungslustig – mit – ein Lächeln – charmant – ein Langweiler – total – mit – dick – ein Bankkonto

ein Job – interessant – mit – gut – ein Gehalt – eine Arbeit langweilig – schlecht bezahlt – ohne – groß – Perspektiven

ein Urlaub – lang – auf – malerisch – eine Insel – langweilig – ein Wochenende – eigen – die Wohnung – nicht aufgeräumt – in

ein Sportwagen – schick – mit – stark – ein Motor – klein – ein Fiat Panda – mit – alt – 50 PS – Rostflecken

❺ Wie lautet Ihr persönliches Lebensmotto?

Besser ein aufregender Tag mit einer unvergesslichen Begegnung als eine langweilige Woche vor dem Fernseher!

Welche Träume und Ziele haben Sie? Erzählen Sie.

Lieblingsorte

1 Ergänzen Sie die Adjektivendungen.

Florian, 36: Ich komme aus München und mein absolut___ Lieblingsort ist der Englisch___ Garten. Es gibt einen gemütlich___ Biergarten am Nordrand des Englisch___ Gartens. Hier kann man schön mit Freunden sitzen und warm___ Sommerabende genießen.

Brigitte, 52: Mein Lieblingsort ist mein alt___ Atelier. Hier kann ich ohne Ablenkung meinen Gedanken nachgehen. Es ist auch ein sehr einladend____ Ort. Das sagen meine viel___ Freunde und besuchen mich sehr gern.

Adrian, 29: Ich habe keinen speziell___ Lieblingsort, aber ich mag die gemütlich___ Küche meiner Mutter. Und den rund___ Esstisch in der Mitte, mit einem frisch gebacken___ Apfelkuchen drauf.

Manfred, 63: Mein Lieblingsort ist ein schmal____ Waldweg. Da laufe ich ungefähr eine Stunde und kann über alle wichtig___ Dinge im Leben nachdenken. Und niemand stört mich.

Jennifer, 32: Ich wohne in Berlin. Mein Lieblingsort ist der Ku'damm mit seinen zahlreich___ Geschäften. Das ist der ideal___ Treffpunkt mit Freunden. Überall sind klein__ gemütlich__ Cafés. Und die machen dort den best___ Cappuccino.

Tina, 18: Mein Lieblingsort ist mein schön___ breit___ Bett. Und ich mag meine bunt___ Bettwäsche mit rot___ und blau___ Sternen.

2 Beschreiben Sie mögliche Lieblingsorte.

Der ideale Ort ist für mich die gemütliche Bank unter einem schattigen Baum.

(m)ein	schön___	Bank	auf	dem	schattig___	Wiese
(m)eine	sonnig___	Terrasse	unter	der	wunderschön___	Bett
der	schick___	Wohnung	mit	den	fantastisch___	Aussicht
die	klein___	Haus	in	einem	groß___	Garten
das	toll___	Zimmer	an	einer	ruhig___	Park
	gemütlich___	Café	neben	-	klein___	Straße
	ruhig___	Zimmer			alt___	Dorf
	schattig___	Bauernhof			ländlich___	Obstbäume
	malerisch___	Garten				Glockenturm
	blühend___	See				Straße
	steil___	Ufer				Fluss
	schmal___	Wiese				Baum
	farbig___	Waldweg				

❸ Beschreiben Sie diese Wohnungen.

Es ist eine helle neu renovierte Wohnung im 5. Stock mit bequemem Aufzug und herrlicher Aussicht. Die Infrastruktur ist gut. Es sind nur wenige Gehminuten zur S-Bahn.

3-Zimmer-Wohnung, hell, neu renoviert, 5. Stock, bequemer Aufzug. Aussicht herrlich. Infrastruktur gut, zur S-Bahn nur wenige Gehminuten.

5-Zi-Wohnung, sehr ruhig, familienfreundlich, Nähe Kindergarten und Schule. Räume großzügig und hell, Küche weiß, modern ausgestattet, Balkon und Garten, Wohnfläche: ca. 160 m^2. Zentrale Lage, Parkplatzsituation sehr gut.

2-Zi-Whg., zentral, trotzdem ruhig, komplett renoviert, 3. Etage, Wohnküche, schön und hell. Besichtigungen ab 25.6. möglich, Einzug ab 1.8.

Exklusive 2-Zi-Wohnung, sonnig, sehr gut geschnitten, 86 m^2, möbliert. Für Juli bis Dezember zu vermieten. 4. Stock. Balkon sehr groß, schöne Aussicht. Zum Zentrum nur 10 Gehminuten.

❹ Wie sieht Ihre Traumwohnung aus? Beschreiben Sie.

Ich träume von einer hellen gut geschnittenen Wohnung mit einer riesigen Dachterrasse.

❺ Ergänzen Sie den Text mit Adjektiven.

München ist eine __________ Stadt. Oft setze ich mich in die Straßenbahn und steige irgendwo aus, wo ich noch nie war. So habe ich die Stadt kennengelernt, nicht die __________ Sehenswürdigkeiten, wo sich __________ Touristen häufen, sondern die Stadt selbst. Die __________ Stadtteile, die __________ Parks, die __________ Gartenanlagen, die __________ Neubausiedlungen und sogar die __________ Plattenbauten.

Durch die __________ Straßen der Innenstadt laufen ist etwas Schönes für mich. Oft setze ich mich in ein __________ Café. __________ Kaffeeduft, __________ Musik und das Lächeln des __________ Kellners schaffen eine __________ Atmosphäre. Stundenlang kann ich so sitzen und durch die __________ Fenster Menschen beobachten, die draußen vorbeieilen. So komme ich zur Ruhe und kann meine __________ Gedanken und Sorgen mit etwas Abstand betrachten. Und wenn ich ein besonders __________ Café, eine besonders __________ Straße der Stadt entdeckt habe, möchte ich sie verschenken. Ich möchte diese __________ Stadt mit jemandem teilen. Mit jemandem, der sich über dieses __________ Geschenk freut.

Beschreiben Sie Ihren – tatsächlichen oder geträumten – Lieblingsort.

Es lebe das Landleben!

Das Leben auf dem Land ist wieder sehr beliebt. Auf dem Land gibt es weniger Stress und Hektik. Alles ist überschaubarer und persönlicher.

❶ Ergänzen Sie die Komparativformen.

Ich wohne viel lieber auf dem Land.

Franziska, 33: Ich wohne viel __________ (gern) auf dem Land, ich fühle mich hier __________ (frei) und __________ (unabhängig) von Modetrends als in einer Großstadt. Ich mache mir __________ (wenig) Gedanken um Kleidung und Aussehen.

Christian, 23: Ich mag das Leben auf dem Land nicht besonders. Hier ist es viel __________ (langweilig) und __________ (monoton) als in der Stadt. Man hat __________ (wenig) Abwechslung, dafür aber __________ (viel) Klatsch und Tratsch.

Sabine, 41: Ich bin froh, dass ich auf dem Land lebe. Ich hatte Probleme mit meiner Gesundheit, jetzt geht es mir wieder __________ (gut). Ich fühle mich viel __________ (fit) als vorher.

Robert, 56: Auf dem Land fühle ich mich __________ (geborgen) als in der Stadt. Die Menschen sind __________ (freundlich) und man nimmt viel __________ (oft) am gemeinsamen Leben teil.

❷ Vergleichen Sie das Stadt- mit dem Landleben.

Das Leben auf dem Land ist ruhiger.

Das Leben	in der Stadt	ist	gut
Die Lebensqualität	auf dem Land	sind	schlecht
Die Wohnverhältnisse			groß
Die Wohnungen und Häuser			hoch
Die Anfahrtszeit zur Arbeit			niedrig
Die Mieten			gering
Die Einkaufsmöglichkeiten			selten
Die kulturellen und sportlichen Angebote			freundlich
Der Verkehr			sauber
Die Natur			überschaubar
Die medizinische Versorgung			langweilig
Die Gefahren für die Kinder			schön
Die Menschen			lang
Schwimmbäder, Tennisplätze, Kinos			günstig
Die Stimmung			ruhig
Die Luft			nah

❸ Vergleichen Sie Landkinder mit Stadtkindern.

Viele Eltern fragen sich, was besser für ihr Kind ist: Stadt oder Land? Kinder, die auf dem Land leben, können jederzeit in den Garten gehen, Baumhäuser bauen, spielen, schreien.

Landkinder sind ausgeglichener und weniger aggressiv.

Kinder in der Stadt sind nicht so ausgeglichen und oft aggressiv.
Sie gehen nicht so häufig zu Nachbarn.
Kinder in der Stadt haben meist nicht so viele Sozialkontakte.
Stadtkinder sind nicht so selbstständig.
Stadtkinder sind oft nicht so kreativ und fantasievoll.
Schüler in der Stadt können sich nicht so gut konzentrieren.
Stadtkinder sind nicht so viel an der frischen Luft.
Sie haben nicht viel Bezug zur Natur und zu den Jahreszeiten.

❹ Was meinen Sie?

Meiner Meinung nach lebt es sich auf dem Land ruhiger als in der Stadt.

Wo lebt es sich ruhiger, in der Stadt oder auf dem Land?
Wo kann man sich besser entspannen?
Wo kann man besser ausgehen?
Wo gehen die Menschen öfter ins Kino oder ins Theater?
Wo werden die Menschen seltener krank?
Wo sind Kontakte zwischen Nachbarn enger und herzlicher?
Wo findet man schneller Freunde und Bekannte?

❺ Vergleichen Sie die beiden Städte.

Nürnberg ist viel älter als Siegsdorf. Und es gibt hier mehr Sehenswürdigkeiten.

Nürnberg – Stadt in Bayern, Franken, 1050 erstmals erwähnt; Fläche 186,38 km^2, Einwohnerzahl 499.065, Bevölkerungsdichte 2.675 Einwohner je km^2; Wirtschafts- und Verkehrszentrum in Bayern; zahlreiche Kirchen (12.–15. Jh.), Albrecht-Dürer-Haus (15. Jh.), Burg (12.–16. Jh.); Christkindlesmarkt seit 1600; Germanisches Nationalmuseum, Spielzeug-, Gewerbe- und Verkehrsmuseum, Zoologischer Garten, Planetarium, Universität, Fachhochschule, breit gefächerte Industrie, Binnenhafen am Rhein-Main-Donau-Kanal; Flughafen

Siegsdorf – Dorf in Bayern, nächste größere Stadt ist Traunstein, ca. 5 km entfernt, Fläche 55,2 km^2, Einwohnerzahl 8.228, Bevölkerungsdichte 144 Einwohner je km^2; Kleingewerbe und Handwerk, Fremdenverkehr, Landwirtschaft; Naturkunde- und Mammut-Museum

Sie kommen aus einem Dorf oder einem kleinen Ort in eine große Stadt oder von der Stadt aufs Land. Beschreiben Sie Ihre Eindrücke und Gedanken in einem Brief an einen Freund / eine Freundin.

Typisch Mann, typisch Frau

Männer können nicht zuhören, Frauen können nicht einparken. Die Liste solcher Klischees ist lang. Aber stimmen sie überhaupt?

1 Ergänzen Sie.

Frauen sind emotionaler, Männer können härter durchgreifen.

Erik, 26: Frauen sind __________ (emotional), Männer können __________ (hart) durchgreifen.

Bernd, 33: Männer können __________ (gut) Auto fahren und agieren __________ (sicher) hinter dem Steuer als Frauen. Aber sie verursachen __________ (viele) Verkehrsunfälle.

Matthias, 19: Frauen leben __________ (lang). Männer sterben durchschnittlich sieben Jahre __________ (früh) als Frauen. Das Risiko, an Herzinfarkt zu sterben, ist bei Männern __________ (hoch). Männer rauchen __________ (viel) und ernähren sich __________ (ungesund) als Frauen.

Ilona, 37: Laut einer Studie „quatschen" und „tratschen" Männer am Arbeitsplatz __________ (oft) als Frauen. Und sie machen __________ (lang) Arbeits- und Zigarettenpausen. Sie kümmern sich __________ (wenig) um Blumen und Grünpflanzen an ihrem Arbeitsplatz und ihre Schreibtische sind __________ (unordentlich).

Martina, 27: Frauen gehen mit Geld __________ (gut) um. Obwohl sie __________ (viel) für Klamotten ausgeben, sind sie generell __________ (sparsam). Sie geben viel __________ (wenig) für die Sport- und Fotoausrüstung aus und fahren __________ (preiswert) Autos.

Beim Kaffeeklatsch entspannen oder ein Fußballspiel anschauen? Wer macht was lieber?

2 Äußern Sie Ihre Meinung.

Ich glaube, Frauen telefonieren länger.

Wer kann besser kochen?
Wer geht lieber essen?
Wer trifft sich öfter mit Freunden/Freundinnen?
Wer telefoniert länger?
Wer verbringt mehr Zeit vor dem Fernseher?
Wer ist sparsamer?
Wer macht häufiger Karriere?
Wer hat es schwerer im Job?
Wer geht besser mit Kindern um?

❸ Sind Sie „ein typischer Mann" oder „eine typische Frau"?

Ich weiß nicht, ob ich ein „typischer Mann" bin. Ich koche jedenfalls viel besser als meine Freundin.

❹ Vergleichen Sie Männer und Frauen.

Meiner Meinung nach sind Männer (viel/etwas/oft) selbstbewusster als Frauen.

selbstbewusst offen aktiv tolerant emotional
lustig anpassungsfähig zuverlässig freundlich geduldig
kreativ hilfsbereit intelligent zärtlich eitel
stur charmant pünktlich treu sentimental
...

Frauen interessieren sich mehr fürs Kochen und für gesunde Ernährung. Männer machen öfter Sport und wissen mehr über Autos. Die Statistik zeigt, welche Klischees tatsächlich zutreffen.

❺ Werten Sie die Statistik aus.

Frauen kochen lieber als Männer. Männer sitzen länger am Computer als Frauen.

Interessen und Lieblingsbeschäftigungen von Männern und Frauen

	Männer	Frauen
Kochen	12 %	49 %
gesunde Ernährung	22 %	47 %
Reisen	37 %	43 %
Wohnen	20 %	42 %
Bücher	23 %	38 %
Gesundheit	16 %	34 %
Garten	23 %	30 %
Mode	6 %	26 %
Sport	39 %	15 %
Kapitalanlagen	33 %	20 %
Computer	27 %	12 %
Wissenschaft	22 %	11 %
Basteln, Heimwerken	34 %	9 %
Autos	31 %	5 %

Wie ist das in Ihrem Heimatland? Gibt es Unterschiede zwischen den Vorlieben von Frauen und Männern in Deutschland und bei Ihnen? Berichten Sie darüber.

Andere Länder, andere Sitten

❶ Was können wir von anderen Ländern lernen?

Amerikaner pflegen einen lockereren Umgangston und legen geringeren Wert auf Titel und Formalitäten.

Tom, 34: Ich komme aus den USA. Wir Amerikaner pflegen einen ______________ (locker) Umgangston und legen ______________ (gering) Wert auf Titel und Formalitäten. Wir haben eine ______________ (freundlich) Art, mit fremdem Menschen zu kommunizieren. Die Deutschen dagegen haben eine ______________ (direkt) Art. Außerdem haben wir in Amerika einen ______________ (kurz) Urlaub und eine ______________ (lang) Arbeitswoche.

Annie, 27: Wir Franzosen sind Genussmenschen, wir legen ______________ (groß) Wert auf äußere Dinge. Ich finde, wir haben ______________ (schön) Städte, ______________ (schlank) Frauen und selbstverständlich den ______________ (gut) Wein.

Rubén, 24: In Spanien haben wir eine ______________ (lebendig) Art zu sprechen. Wir haben ______________ (viel) Temperament. Ich glaube, wir sind auch ______________ (leidenschaftlich) Tänzer und ______________ (gut) Gastgeber.

Lucia, 42: Ich bin Italienerin. Wir Italiener leben mehr für den Tag. Wenn wir Geld haben, sparen wir ______________ (wenig). Wir geben es aus! In Deutschland spielt Geld eine ______________ (groß) Rolle.

❷ Klischees? Äußern Sie Ihre Meinung.

Die Engländer haben oft einen stärkeren Sinn für Humor.

Die Deutschen / Die Engländer / Die Franzosen / Die Chinesen / Die Amerikaner / Die Kubaner …

haben	oft	ein/e/n	bessere/n/s	Sinn für Humor
besitzen	meistens		höhere/n/s	Kochkultur
			kompliziertere/n/s	Bildung
			feinere/n/s	Sprache
			stärkere/n/s	Geschäftssinn
			größere/n/s	Lebensfreude

❸ Vergleichen Sie Ihre Landsleute mit den Menschen in Deutschland, Österreich oder der Schweiz.

Meine Landsleute haben oft ein besseres Verhältnis zu ihren Eltern. Sie leben auch eine längere Zeit mit ihnen zusammen …

4 Sagen Sie es anders.

In England gibt es strengere Tischmanieren.

Die Tischmanieren sind in England strenger.
In Indien sind die Märkte bunter und lauter.
In Thailand ist das Essen schärfer.
Das Interesse an Mode ist in Frankreich größer.
Die Körpersprache ist in Italien ausgeprägter.
Der Kontakt zur Familie ist in Brasilien enger.
Das Heimatgefühl ist in kleinen Ländern stärker.

5 Reisende beschreiben ihre Lieblingsländer in Superlativen. Ergänzen Sie.

Norwegen ist das Land der schönsten Fjorde und der besten Langläufer.

Stefan, 42: Norwegen ist das Land der ________________ (schön) Fjorde und der ________________ (gut) Langläufer. Norwegen ist ein Land mit den ________________ (viel) Superlativen und hat doch die ________________ (bescheiden) Bewohner. Hier habe ich erst erfahren, dass wir Mitteleuropäer die ________________ (hektisch) Menschen auf der Welt sind.

Elisabeth, 39: Ungarn gehört zu den ________________ (schön) Urlaubszielen. In Budapest findet man nicht nur die ________________ (groß) Synagoge und die ________________ (alt) U-Bahn Europas. Budapest ist auch die Hauptstadt mit den ________________ (viel) Thermalquellen. Im Norden reift der ________________ (gut) Wein und der berühmte Balaton, das „ungarische Meer", ist der ________________ (groß) und ________________ (warm) Binnensee Mitteleuropas und das ________________ (beliebt) Feriengebiet Ungarns.

Jochen, 56: Das ________________ (groß) Abenteuer meines Lebens war eine Reise nach Kanada. Dieses Land garantiert das ________________ (spektakulär) Ferienerlebnis. Es ist das ________________ (grandios) Naturparadies, das ich je gesehen habe.

Judith, 29: Namibia hat mich mit vielen Superlativen beeindruckt: Die ________________ (alt) Wüste der Welt, die ________________ (hoch) Dünen der Welt, der zweit________________ (groß) Canyon der Welt und über allem der ________________ (klar) Sternenhimmel der Erde.

6 Mit welchen Superlativen würden Sie Ihr Heimatland / Ihre Heimatstadt beschreiben?

Meine Heimatstadt gehört zu den ältesten Städten Europas. Hier findet man die schönsten Plätze und Cafés …

Sie haben im Lotto gewonnen und möchten auf Reisen gehen. Welches Land bzw. welche Stadt möchten Sie gern besuchen? Warum? Schreiben Sie für jeden Ort eine kurze Begründung.

Früher war alles besser!

1 War früher wirklich alles besser? Ergänzen Sie.

Erika, 60: Früher hatten wir ein ____________ (ruhig) Leben. Die Menschen mussten zwar arbeiten, aber sie hatten es ____________ (leicht), Arbeit zu finden und die Familie zu ernähren. Körperlich war die Arbeit natürlich ____________ (anstrengend). Man hatte ____________ (lang) Arbeitszeiten, aber man musste keine Angst haben um seinen Job.

Michael, 54: Unser Leben heute ist ____________ (schnell), ____________ (hektisch). Man braucht eine ____________ (gut) Kondition, um mitzuhalten.

Robert, 51: Ich glaube, nichts war früher besser. Wir waren einfach ____________ (jung). Wir hatten ____________ (klein) Sorgen und einen ____________ (stark) Glauben an uns selbst.

Susanne, 35: Ich glaube, Frauen hatten früher ____________ (wenig) Möglichkeiten. Und sie hatten ein ____________ (gering) Selbstwertgefühl. Sie mussten zu Hause bleiben. Die meisten hatten eine ____________ (schlecht) Ausbildung oder gar keine, nicht weil sie ____________ (schlecht) Noten hatten als Männer, sondern weil es so üblich war.

Markus, 69: Gegenüber ____________ (früh) Zeiten hat sich viel geändert. Und nicht alles zum Guten. Zum Beispiel Familie. Wir haben heutzutage ____________ (hoch) Scheidungsraten und eine ____________ (niedrig) Zahl von Kindern. Früher hatten Frauen auch ________ (klein) Ansprüche und waren __________ (zufrieden). Der Mann verdiente Geld und die Frau kümmerte sich um Haushalt und Familie.

2 Wie war das Leben früher? Beschreiben Sie.

Früher hatten Menschen ein ruhigeres Leben. Und es gab eine niedrigere Scheidungsquote.

schwierig, hoch, niedrig, klar, groß, klein, kurz, schlecht, gut, ruhig, einfach, locker, hart, innig

das Leben, die Lebenserwartung, die Kleidung, der Konkurrenzdruck, die Scheidungsquote, die Arbeitsbedingungen, die Wohnverhältnisse, die Allgemeinbildung, die Arbeitslosenzahl, die Sicherheit, die Ansprüche, die Preise, der Umgang mit anderen Menschen, die Beziehungen innerhalb der Familie

„Sogar die Zukunft war früher besser", sagte der Komiker Karl Valentin. Stimmt das?

❸ Äußern Sie Ihre Meinung.

**Es stimmt, dass das Leben früher ruhiger und überschaubarer war.
Aber es stimmt nicht, dass …**

Das Leben ist heute nicht mehr so ruhig und überschaubar.
Die Menschen verdienen heute mehr und können sich mehr leisten.
Die Lebensmittel sind nicht mehr so billig wie früher.
Die Benzinpreise sind heute nicht mehr so niedrig wie vor zehn Jahren.
Die Wohnverhältnisse sind heute nicht so schlecht wie früher.
Die modernen Haushaltsgeräte sind nicht so langsam, aber leider auch nicht so einfach zu bedienen wie früher.
Die Möbel sind nicht mehr so elegant.
Die Mieten sind leider nicht mehr so niedrig wie früher.
Der Arbeitstag ist heute nicht mehr so lang wie früher.
Der Sommer ist in den letzten Jahren nicht so warm und sonnig wie er früher war.
Luft und Gewässer sind heute nicht mehr so sauber.

❹ Nostalgie oder Verklärung? Vergleichen Sie früher und heute.

Fußball war früher viel leidenschaftlicher und sportlicher. Heute zählt doch nur mehr das Geld und es ist alles Kommerz.

	früher	**heute**
Fußball	leidenschaftlich, sportlich	das Geld zählt, alles Kommerz
Gemüse	gesund, schmackhaft	Gen-Tomaten, Wasser-Gurken
Autos	stabil, zuverlässig, einfach	elektronischer Schnickschnack
Kaffee	stark, duftend	preiswert
Fernsehen	niveauvoll, intelligent	nur Unterhaltung, verdummend
Politiker/innen	glaubwürdig	Diskutierclub, machtlos
Schulen	strenge Lehrer, Fleiß, Disziplin	reine Wissensvermittlung, antiautoritär
Sommer	warm, Badewetter	regnerisch und kalt
Benzinpreise	moderat, erschwinglich	extrem hoch, unverschämt
Kino	romantisch, lebensnah	großer Aufwand, teuer, weltfremd
…	…	…

Erzählen Sie über das Leben eines alten Menschen, den Sie kennen, vielleicht Ihrer Großmutter oder Ihres Großvaters. Vergleichen Sie es mit Ihrem Leben oder dem Leben Ihrer Generation.

Eltern und Kinder

❶ Wann geht es Kindern gut?

Kinder fühlen sich wohl, wenn Eltern Vertrauen zu ihnen haben.

Eltern haben Vertrauen zu ihren Kindern.
In der Familie herrscht Demokratie, die Kinder dürfen mitbestimmen.
Eltern kümmern sich um die Kinder.
Eltern nehmen Rücksicht auf die Wünsche ihrer Kinder.
Eltern haben immer ein offenes Ohr für ihre Kinder.
Kinder und Erwachsene haben gemeinsame Interessen.
Eltern und Kinder respektieren einander.
Alle Familienmitglieder gehen liebevoll miteinander um.
Eltern sehen über kleine Fehler der Kinder hinweg.
Alle Familienmitglieder können sich aufeinander verlassen.

❷ Formulieren Sie Tipps für Eltern.

Wenn sich das Kind nicht an Regeln hält, müssen die Eltern mit dem Kind reden.

1. Problem: Das Kind hält sich nicht an Regeln.
2. Problem: Das Kind ist aggressiv.
3. Problem: Das Kind ist überängstlich.
4. Problem: Das Kind kann sich nicht allein beschäftigen.

- ▶ sich mehr Zeit für das Kind nehmen
- ▶ öfter mit dem Kind zusammen spielen
- ▶ etwas gemeinsam unternehmen
- ▶ das Kind beruhigen
- ▶ mit dem Kind reden
- ▶ dem Kind etwas Nettes sagen
- ▶ sein Selbstbewusstsein stärken
- ▶ das Kind öfter loben
- ▶ das Kind öfter motivieren
- ▶ Kontakte des Kindes zu anderen Kindern fördern
- ▶ ruhig bleiben

❸ Äußern Sie Ihre Meinung.

Ich finde es (nicht) gut, wenn Kinder nichts über die Schule erzählen.
Es ist nicht okay, wenn Eltern ihre Kinder dauernd kritisieren.

Schule

Kinder	▶ nichts über die Schule erzählen
	▶ erzählen, was in der Schule los war
Eltern	▶ dauernd kritisieren
	▶ sich für schulische Probleme interessieren

Freizeit

Kinder	▶ sagen nicht genau, wohin sie gehen
	▶ sagen, was sie machen und mit wem
Eltern	▶ Vorwurf, Kinder treiben sich herum
	▶ finden meist gut, was ihre Kinder tun

Liebe, Freundschaft

Kinder	▶ erzählen den Eltern nichts über ihre Freunde
	▶ bringen ihren Freund / ihre Freundin mit nach Hause
Eltern	▶ sich einmischen
	▶ haben Verständnis für die Wahl der Kinder

Hausarbeit

Kinder	▶ rühren zu Hause keinen Finger
	▶ machen bei der Hausarbeit mit
Eltern	▶ vorwerfen, dass Kinder sie ausnutzen
	▶ verlangen nicht sehr viel

Eltern werden ist nicht schwer – Eltern sein dagegen sehr. Niemand ist auf das Elternsein ausreichend vorbereitet.

❹ Schreiben Sie den Text um.

Wenn Eltern Kinder bekommen, denken sie nicht an Risiken und Nebenwirkungen.

Kinder, Kinder… Bekommen Eltern Kinder, denken sie nicht an Risiken und Nebenwirkungen. Nach neun Monaten werden sie frei Haus geliefert – ohne Gebrauchsanweisung. Sind sie erst einmal da, die süßen Kleinen, dann überwiegt manchmal der Stress und nicht die Freude. Schlafprobleme, Krankheiten, Wutanfälle, schlechte Noten usw. Die meisten Eltern sind unvorbereitet. Versuchen Eltern „aus dem Bauch heraus" das Richtige zu tun, so machen sie manchmal genau das Falsche.

Wann kann man eine Erziehung als zu autoritär oder zu liberal bezeichnen?
Nennen Sie ein paar Beispiele.

Ärger mit den lieben Nachbarn

Hunde bellen, Kinder toben, jemand spielt laut Klavier: Es gibt viele Anlässe für Ärger und Streitereien mit den Nachbarn.

1 Wann gibt es Ärger mit den Nachbarn?

Es gibt Ärger mit den Nachbarn, wenn sie Partys bis tief in die Nacht feiern.
Und ich rege mich auf, wenn …

Die Nachbarn feiern Partys bis tief in die Nacht.
Oder sie nehmen in der Nacht ein Bad.
Die Nachbarn bohren und sägen nach 20 Uhr.
Oder sie feiern bis nach Mitternacht mit lauter Musik.
Der Rasenmäher der Nachbarn wird angeschaltet, während Sie beim Essen sitzen.
Die Nachbarn parken mal wieder auf Ihrem Parkplatz.
Oder sie bedienen sich ungefragt an den Ästen Ihres Apfelbaums, die über den Zaun hängen.
Die Nachbarn knallen die Eingangstür.
Jemand übt Klavier am frühen Sonntagmorgen.
Die Nachbarn grillen jeden Samstag und Sonntag.
Oder sie klatschen und tratschen über alle Mitbewohner.
Die Nachbarn streiten sich und brüllen laut.
Der Schäferhund der Nachbarn bellt bei jedem Geräusch im Treppenhaus.

2 Ärger mit den Nachbarn, kennen Sie das? Erzählen Sie.

Ich habe schon ab und zu Probleme mit meinen Nachbarn. Ich reagiere ziemlich allergisch, wenn die Fahrräder so am Eingang abgestellt werden, dass ich kaum durchkomme …

3 Ergänzen Sie Tipps für eine gute Nachbarschaft.

Wenn man Partys feiert, sollte man den Nachbarn vorher Bescheid geben.

Wenn man in eine neue Wohnung zieht, …
Für den Fall, dass man viel Besuch erwartet, …
Wenn man Partys feiert,
Wird es etwas lauter, …
Wenn die Nachbarn mit einer Sache unzufrieden sind, …
Passt einem selbst etwas nicht, …
Man kann den Stress mit den Nachbarn vermeiden, wenn …
Viele Probleme lassen sich schnell lösen, falls …
Wenn man stets offen und höflich ist, …
Es kommt zu ernsthaften Konflikten, falls …

❹ Probleme mit den Nachbarn? Schreiben Sie Ihrer/Ihrem Bekannten.

Lieber ... / Liebe ... ,
es tut mir leid, dass du Probleme mit deinen Nachbarn hast. Aber wenn du dich an ein paar Regeln hältst, wird das Zusammenleben im Haus sicher besser funktionieren. Natürlich kriegst du Ärger, wenn du stets unhöflich bist.

- stets unhöflich sein
- die Nachbarn nie grüßen
- bei Partys die Musik sehr laut stellen
- die Nachbarn nicht vorher über die Party informieren
- über die Nachbarn lästern
- die Hausordnung nicht respektieren
- sich bei jedem kleinen Problem aufregen
- sie nie auf eine Tasse Kaffee einladen
- die Kinder der Nachbarn ständig schimpfen
- die Katze der Nachbarn aus dem Garten jagen
- die eigenen Werbezeitungen in den Briefkasten der Nachbarn stecken
- die Winterreifen in der Waschküche lagern
- nie das Treppenhaus putzen

❺ Schreiben Sie die Texte um.

Wenn Christina grillt, versucht sie Rücksicht auf ihre Nachbarn zu nehmen.

Christina, 41: Wir grillen sehr oft und gern. Dabei versuchen wir Rücksicht auf unsere Nachbarn zu nehmen. Manchmal laden wir die Nachbarn einfach dazu ein.

Mathias, 24: Wir sind eine WG und feiern ziemlich oft Partys. Dann informieren wir die Nachbarn mit einem Aushang oder einem Zettel im Briefkasten darüber. Manchmal wird es etwas lauter. Dann bitten wir auch um Entschuldigung. Man will schließlich keinen Ärger. Und ab Mitternacht drehen wir die Musik natürlich schon leiser. Und wir feiern nicht unter der Woche, nur am Wochenende.

Tina, 31: Mein dreijähriger Sohn hüpft und schreit natürlich manchmal beim Spielen herum. Und da beschwert sich die Nachbarin, die unter uns wohnt. Manchmal ruft sie bei uns an. Dann lade ich sie zum Kaffeetrinken ein und wir reden über Kindererziehung und dünne Hauswände und Zimmerdecken.

Sebastian, 21: Ich studiere Musik. Mein Instrument ist das Saxofon. Natürlich muss ich üben. Manchmal sechs Stunden am Tag. Zum Üben gehe ich zu meinen Eltern. Sie haben ein eigenes Haus und auch sehr tolerante Nachbarn. Mit ihnen kann man reden. Klar sind sie manchmal auch genervt. Aber dann schenke ich ihnen Konzertkarten oder eine Flasche Wein.

Wie sieht der ideale Nachbar für Sie aus? Wie sollte er sein? Wie sollte er bei Streitigkeiten reagieren? Entwerfen Sie ein Bild des idealen Nachbarn.

Hunde, Katzen & Co.

Bereits in jedem dritten deutschen Haushalt lebt ein Tier, und die Zahl der Haustiere wächst.

❶ Warum schafft man sich Haustiere an?

Viele Menschen schaffen sich Haustiere an, weil sie sich mit einem Tier nicht so einsam fühlen.

Viele Menschen schaffen sich Haustiere an, ...
Einige kaufen sich einen Hund / eine Katze / einen Hamster / ..., ...

Menschen fühlen sich mit einem Tier nicht so einsam.
Kinder bekommen so einen Spielkameraden.
Menschen gehen dann regelmäßig spazieren.
Tiere faszinieren viele Menschen.
Man hat jemanden, mit dem man reden kann.
Tiere können ein Ersatz für Kinder sein.
Durch Haustiere kann man auch andere Menschen kennenlernen.
Viele Menschen macht ein Tier ruhiger, ausgeglichener.
Tiere bereiten Menschen Freude.
Im Umgang mit Tieren können Menschen Stress abbauen.
Man lernt die Verantwortung für andere zu übernehmen.
Tiere können Menschen helfen.
Tiere sind gute und treue Freunde.

Kinder lieben Hunde. Eltern nicht unbedingt.

❷ Was spricht für einen Hund, was dagegen?

Manche geben dem Wunsch der Kinder nach, denn Kinder mit Hund sind weniger aggressiv.
Viele wollen keinen Hund, weil Hunde laut sind.

Pro

Kinder mit einem Hund in der Familie zeigen bessere schulische Leistungen als Kinder ohne einen Hund. Kinder mit Hund machen länger und intensiver Hausaufgaben. Sie sind weniger aggressiv und weniger egoistisch. Und sie sind aufgeschlossener für Meinungen anderer. Ein Hund fördert Verantwortungsbewusstsein und Disziplin. Ein Hund entwickelt die Fähigkeit, Probleme selbst zu lösen. Er vermittelt seelische Ausgeglichenheit und Wohlbefinden.

Contra

Hunde bellen und sind laut. Sie stinken, wenn sie nass sind. Man muss ständig mit ihnen spazieren gehen. Und man muss regelmäßig zum Tierarzt. Junge Hunde zerkratzen die Möbel. Sie zerkauen Schuhe. Tag für Tag brauchen sie viel Zuwendung, Beschäftigung, Pflege und Bewegung. Und sie kosten viel Geld.

Wer sich ein Haustier anschafft, hat nicht nur Spaß, sondern auch Pflichten.

Eltern und Geschwister müssen einverstanden sein, weil Haustiere Mitglieder der ganzen Familie sind.

❸ **Verbinden Sie die Sätze mit *weil* oder *denn*.**

Ohne die Erlaubnis der Eltern dürfen Kinder kein Haustier kaufen. Laut Gesetz dürfen sie das in Österreich ab 14, in der Schweiz ab 16 und in Deutschland sogar erst ab 18 Jahren.

Eltern und auch Geschwister müssen einverstanden sein. Haustiere sind Mitglieder der ganzen Familie.

Viele Kinder wünschen sich ein Haustier. Mit einem Haustier kann man schmusen und herumtollen.

Besonders am Anfang sind Kinder begeistert von einem Haustier. Sie haben einen treuen Spielkameraden.

Später fällt Kindern die Pflege des Tieres oft zur Last. Ausgewachsene Hunde oder Katzen sind nicht mehr so niedlich und süß wie junge.

Tiere können ganz schön teuer werden. Sie brauchen nicht nur Futter, sondern auch Dinge wie einen Futternapf, eine Leine, einen Korb oder Bürsten.

Viele Haustiere verwahrlosen. Niemand kümmert sich mehr um sie.

Viele Tiere werden überfahren oder verhungern. Sie werden von ihren Besitzern ausgesetzt.

Tiere wirken positiv auf die Gesundheit des Menschen, weil ...

❹ **Können Tiere Menschen gesund machen?**

Tiere schenken Lebensfreude.
Sie stabilisieren die Emotionen.
Der Kontakt mit Tieren senkt beim Menschen den Blutdruck.
Das Streicheln von Tieren fördert das seelische Wohlbefinden.
Mit Tieren werden Menschen freundlicher und fröhlicher.
Menschen mit einem Haustier suchen seltener einen Arzt auf.
Sie haben bessere Cholesterinwerte als Menschen ohne Tiere.
Tiere sind gute Therapeuten.
Beim Tierhalter normalisiert sich der Herzschlag häufiger.
Tiere schaffen Ablenkung bei Depressionen.

Sie sind Erzieher/Erzieherin in einem Kindergarten. Sie wollen einen kleinen Kindergartenzoo einrichten. Begründen Sie Ihr Vorhaben vor den Eltern. Notieren Sie.

Erfolgreich selbstständig

❶ Warum machen sich nicht mehr Menschen selbstständig?

Einige / Viele machen sich selbstständig, weil ...
Die meisten / Viele machen sich nicht selbstständig, weil ...

Sie wollen einen geregelten Arbeitstag.
Sie brauchen Struktur und Ordnung.
Sie sind risikofreudig.
Sie können Verantwortung übernehmen.
Sie brauchen viel Freizeit.
Überstunden sind nichts für sie.
Sie haben viele Ideen und wollen sie unbedingt realisieren.
Sie sind nicht bereit, für ihre Arbeit alles zu riskieren.
Sie können im Notfall auf Urlaub oder Freizeit verzichten.
Sie haben keine Angst vor wirtschaftlicher Unsicherheit.
In der Arbeit brauchen sie Abwechslung und Kreativität.
Sie sind nicht flexibel genug.

❷ Sind Sie für die Selbstständigkeit geeignet?

Eine selbstständige Tätigkeit ist ideal für mich, weil ...
Eine selbstständige Tätigkeit kommt für mich nicht in Frage, weil ...

❸ Schreiben Sie die Texte um. Verwenden Sie Sätze mit *weil* oder *denn*.

Eine selbstständige Tätigkeit ist nichts für Christina, weil ihr der Mut zum Risiko fehlt. Sie kann sich nicht selbstständig machen, denn ...

Christina, 34: Eine selbstständige Tätigkeit ist nichts für mich. Mir fehlt der Mut zum Risiko. Ich kann mich nicht selbstständig machen. Mir fehlt das nötige Geld. Ich bin einfach nicht bereit aus der wirtschaftlichen Sicherheit auszusteigen. Ich habe zwei Kinder. Das Risiko ist einfach zu groß.

Lars, 46: Ich bin selbstständig. Warum? Ganz einfach. Ich wollte schon immer selbstständig sein. Ich wollte eigene Ideen umsetzen, Erfolg haben und auch meine Arbeitszeit frei einteilen. Ich glaube, meine Entscheidung war richtig. Nun bin ich finanziell unabhängig und muss keine Angst vor Arbeitslosigkeit haben.

Katrin, 26: Berufliche Selbstständigkeit ist nichts für mich. Das Risiko ist einfach zu groß. Ich glaube, ich möchte das nicht. Man muss sich immer um das Geschäft kümmern. Auch die Gefahr, dass die Kunden wegbleiben oder dass man sich selbst überschätzt, ist groß.

57 % machen sich selbstständig, weil sie die eigene Geschäftsidee verwirklichen wollen.

❹ Gründe für die Selbstständigkeit. Kommentieren Sie die Statistik.

57 %	wollen die eigene Geschäftsidee verwirklichen
49 %	wollen berufliche Frustrationen vermeiden
45 %	wollen mehr Unabhängigkeit
34 %	wollen ein höheres Einkommen
26 %	brauchen mehr Erfolgserlebnisse
20 %	wollen der Arbeitslosigkeit entfliehen
15 %	wollen ihre Karriere selbst in die Hand nehmen

Viele Menschen wollen nicht selbstständig sein, denn sie haben Angst vor Verantwortung.

❺ Bilden Sie Sätze.

Viele Menschen machen sich nicht selbstständig / haben / Angst / Verantwortung / denn / vor

Einige sind selbstständig / viel Freiheit / bedeutet / weil / für sie / Selbstständigkeit / berufliche

Selbstständigkeit ist nichts für mich / keinen wirklichen Feierabend / es / oft / gibt / weil

Ich möchte mich selbstständig machen / ein kreativer Mensch / bin / weil / ich

Selbstständigkeit ist ideal für mich / meine Ideen / kann / denn / ich / umsetzen / sofort

Ich bin gern selbstständig / bin / mein eigener Chef / denn / ich / gern

Viele machen sich selbstständig / sich verändern / sie / weil / wollen

Weil ich mich schon immer für Wirtschaft interessiert habe.

❻ Interview mit einer Unternehmerin. Formulieren Sie die Antworten mit *weil*.

Sie haben BWL studiert. Warum? (sich schon immer für Wirtschaft interessieren)

Sie waren bei einer großen Firma angestellt. Warum sind Sie gegangen? (sich langweilen)

Warum haben Sie sich selbstständig gemacht? (eigene Ideen umsetzen und die eigene Karriere selbst bestimmen wollen)

Sie sind fast 40. Warum sind Sie nicht schon früher selbstständig geworden? (sich nicht nach dem Studium trauen)

Warum? (die Selbstständigkeit hat Vor- und Nachteile, Angst vor dem Risiko haben)

Warum sind nicht alle für die berufliche Selbstständigkeit geeignet? (erfordert Mut und gute Nerven)

Warum gibt es immer noch wenige Frauen unter den Selbstständigen? (nicht leicht, Familie und Beruf unter einen Hut zu bringen)

Eine Lokalzeitung hat ihre Leser um ihre Meinung zum Thema „Berufliche Selbstständigkeit – Risiken und Gefahren" gebeten. Schreiben Sie eine kurze Reportage für die Zeitung und führen Sie konkrete Beispiele an.

Auswandern

❶ Warum verlassen Menschen ihre Heimat?

Manche Menschen gehen ins Ausland, weil sie Karriere machen wollen.
Viele wandern aus, denn …

Manche Menschen gehen ins Ausland. Sie wollen Karriere machen.

Viele wandern aus. Die wirtschaftliche Lage im Heimatland ist nicht stabil.

Viele verlassen ihre Heimat. Sie hoffen, anderswo einen Arbeitsplatz zu bekommen und Geld für ihre Familien zu verdienen.

Fachleute wandern aus. Sie können keinen Job finden, der ihrer Qualifikation entspricht.

Junge Leute wagen den Neuanfang. Sie hoffen in einem anderen Land auf eine bessere Ausbildung.

Ganze Familien verlassen ihr Heimatland. Die Eltern wollen ihren Kindern eine bessere Zukunft bieten.

Einige gehen fort. Sie möchten, in das Land ihrer Vorfahren zurückkehren.

Viele wandern aus. Sie werden in ihrem Land politisch oder religiös verfolgt.

Einige gehen in die Fremde. Sie suchen das Abenteuer.

Manche gehen ins Ausland. Sie wollen sich ihren Lebenstraum realisieren.

Vor allem jüngere Leute verlassen ihre Heimat. Sie erhoffen sich woanders bessere Möglichkeiten für ihre persönliche Entfaltung.

Immer mehr Deutsche suchen eine neue Heimat. Was sind die Gründe dafür?

❷ Kommentieren Sie die Statistik.

65 % der Auswanderer gehen fort, weil sie glauben, ihren Traumjob nur im Ausland finden zu können.

65 % glauben, ihren Traumjob nur im Ausland finden zu können.
61 % sehen keine berufliche Herauforderung für sich in Deutschland.
43 % reizen neue Menschen und Aufgaben.
20 % wollen mit ihren Verwandten zusammenziehen.
12 % träumen von einem Haus im Süden.
11 % suchen bessere Zukunftschancen für ihre Kinder.
7 % hoffen auf wirtschaftliche Verbesserung.
2 % sind mit politischer Situation unzufrieden.

❸ Wo möchten Sie gern leben? Erzählen Sie.

Ich möchte gern nach Kanada auswandern, weil man dort als Berufsanfänger mehr Chancen hat, einen Job zu finden und wirklich was zu lernen …

❹ Warum sind diese Menschen ausgewandert? Fassen Sie zusammen.

Inge ist in die Schweiz ausgewandert, weil sie noch mal etwas Neues anfangen und die Ärmel hochkrempeln wollte und einfach nicht das Gefühl hatte, dass ihr Job in Deutschland besonders sicher war.

Inge, 38, in die Schweiz ausgewandert: Ich wollte noch mal etwas Neues anfangen und die Ärmel hochkrempeln. Ich hatte einfach nicht das Gefühl, dass mein Job in Deutschland besonders sicher ist.

Sabine, 41, in die USA ausgewandert: Ich habe in Boston die Liebe meines Lebens gefunden. Deshalb bin ich dort geblieben.

Rolf, 51, nach Australien ausgewandert: Ich habe neue Perspektiven gesehen. Und ich wollte mir endlich meinen Lebenstraum erfüllen, und zwar ein Restaurant eröffnen. In Deutschland könnte ich mir das nie leisten.

Patrick, 39, nach Neuseeland ausgewandert: Schon immer habe ich mir eine kleine Farm gewünscht. Ich wollte Pferde züchten und ganz weit weg von großen Städten wohnen. In Deutschland wäre das kaum möglich. Da gibt es zu viele Menschen auf zu wenig Raum.

Stefan, 29, nach Kanada ausgewandert: Ich bin Diplomchemiker. In Deutschland hatte ich keine guten Aussichten. In Kanada habe ich einen Job in einem weltweit bekannten Unternehmen mit besten Aufstiegschancen gefunden.

❺ Nicht alle Träume werden wahr. Warum?

Nicht alle Träume vom Auswandern erfüllen sich, weil die Menschen oft leichtsinnig sind.

Nicht alle Träume vom Auswandern erfüllen sich, …
Manche erleben eine böse Überraschung, …

Leichtsinn
mangelnde Information
falsche Planung
Selbstüberschätzung
Klima und gesundheitliche Probleme
Kriminalität
Korruption
schlechte ärztliche Versorgung
…

Wie ist die Situation in Ihrem Land? Wandern viele Menschen aus? Was für Menschen sind das und warum wandern sie aus? Berichten Sie und bringen Sie Beispiele.

Aller Anfang ist schwer

❶ Ergänzen Sie *wenn* oder *als*.

Birgit, 52: Ich bin Raumdesignerin. Schon vor etwa 30 Jahren, _________ ich mit diesem Beruf angefangen habe, wusste ich: Das ist mein Traumjob. _________ ich einen Raum gestalte, überlege ich mir eine Geschichte dazu. Zum Beispiel: Ein Mann verliebt sich hier in eine Frau.

Sabine, 49: Ich schreibe Geschichten für Kinder. _________ ich eine Geschichte anfange, schreibe ich meist den letzten Satz zuerst. Ich entwerfe die Handlung in meinem Kopf. Und _________ ich fertig bin, setze ich mich an meinen Computer.

Christian, 32: Ich bin Modedesigner. _________ ich eine neue Kollektion anfange, überlege ich mir ein Thema. Dann zeichne ich und suche das Material. Manchmal muss ich am Ende noch mal von vorne anfangen, _________ ich merke, dass der Stoff nicht zum Thema passt.

Wolfgang, 45: _________ ich mit meinem Medizinstudium fertig war, bekam ich eine Stelle in der Berliner Charité. _________ ich eine Operation mache, gehe ich in Gedanken alles durch. _________ ich arbeite, treten meine Emotionen zurück. Ich bin ganz ruhig.

Clarissa, 27: Als Schauspielerin muss ich oft neu anfangen. _________ ich eine Rolle bekomme, muss ich zuerst den Text lesen. Dann setzt die Fantasie ein. Immer _________ ich auf der Bühne stehe, bin ich nervös. _________ die Aufführung vorbei ist, kann ich mich wieder entspannen.

❷ Verbinden Sie je zwei Sätze.

Als ich zum ersten Mal im Meer schwamm, fühlte ich mich unheimlich frei.

Ich schwamm zum ersten Mal im Meer. Ich fühlte mich unheimlich frei.
Fast jeder bekommt weiche Knie und Herzklopfen. Er ist zum ersten Mal verliebt.
Ich war klein. Astronaut war mein erster Berufswunsch.
Mein Freund weinte fast vor Glück. Er bekam seinen ersten Hund.
Die meisten Menschen sind total nervös. Sie verbringen den ersten Tag an ihrem neuen Arbeitsplatz.
Meine kleine Schwester war in der ersten Klasse. Sie fand die Schule toll.
Ich war zum ersten Mal mit meiner Tochter beim Arzt. Sie hatte gar keine Angst.
Paulo aus Brasilien war völlig erstaunt. Er sah zum ersten Mal so viel Schnee.
Mit 12 flog ich zum ersten Mal ins Ausland. Ich war extrem aufgeregt.

Ich machte zum ersten Mal Urlaub ohne meine Eltern, als ich in der 10. Klasse war.

❸ Beantworten Sie die Fragen.

Wann machten Sie zum ersten Mal Urlaub ohne Eltern?
Ab wann dürfen Jugendliche allein in Urlaub fahren?
Wann bekamen Sie Ihren ersten Job?
Wann zogen Sie in Ihre erste eigene Wohnung?
Wann sollten Kinder bei ihren Eltern ausziehen?
Wann bekamen Sie oder Ihre Frau Ihr erstes Kind?
Wann sollte man Ihrer Meinung nach Kinder kriegen?
Wann lernten Sie Ihren ersten Freund / Ihre erste Freundin kennen?

Radfahren, zur Schule gehen, allein verreisen … Beim ersten Mal ist alles aufregend und macht ein bisschen Angst.

Als ich das erste Mal in die Schule ging, war ich stolz auf mich selbst.

❹ Wie ging es Ihnen beim ersten Mal?

Als ich das erste Mal in die Schule ging, …
Immer wenn ich etwas Neues anfangen muss, …
Manchmal, wenn vor einer neuen Aufgabe stehe, …
Ich hatte zum ersten Mal das Gefühl erwachsen zu sein, als …
Wenn ich an meine ersten Jahre an der Uni denke, …
Ich war sehr glücklich, als ich eines Tages …
Ich war immer extrem aufgeregt, wenn …
Wenn ich etwas zum ersten Mal mache, …
Als ich mit der Schule fertig war, …

Wenn man etwas neu anfängt, fühlt man sich euphorisch und voller Tatendrang.
Als ich vier Jahre alt war, …

❺ Formulieren Sie den Text um.

Bei jedem Neuanfang fühlt man sich euphorisch und voller Tatendrang. Mit 4 lernte ich meine erste richtige Freundin kennen. Mit 6 ging ich das erste Mal in die Schule. Und mit 8 war ich schon richtig enttäuscht von der Schule. Im Gymnasium stieg mein Interesse an der Schule wieder.
In der 10. Klasse verliebte ich mich in unseren Geschichtslehrer. Bei dem Gedanken an ihn lief ich immer rot an. Aber ich lernte wie verrückt. Schon damals, mit 16 Jahren, wusste ich, dass ich einmal Geschichte studieren will. Mit 19 machte ich mein Abitur und ging nach Berlin …

Schreiben Sie Ihre Lebensgeschichte. Gehen Sie darauf ein, wann Sie etwas neu angefangen haben und wie Sie sich dabei gefühlt haben.

Kind und/oder Karriere?

1 Reif für ein Kind? Verbinden Sie.

Als ich mit meinem Studium fertig war, bekam ich mein erstes Kind.

Als ich mit meinem Studium fertig war, …
Erst wenn man sich im Beruf etabliert hat, …
Bevor die jungen Menschen nicht finanziell unabhängig sind, …
Seitdem ich Mutter zweier Kinder bin, …
Man sollte am besten mit dem Kinderkriegen warten, …
Während Frauen ab 25 Kinder wollen, …
Solange der Staat Familien mit Kinder nicht genügend unterstützt, …

soll man Kinder kriegen.
sind viele Männer richtige Kindermuffel.
sollten sie mit den Kindern warten.
wird die Geburtenrate weiter sinken.
bis man wirklich reif dafür ist.
bekam ich mein erstes Kind.
führe ich ein ruhigeres und verantwortungsbewusstes Leben.

Ich finde, dass man keine Kinder kriegen soll, bevor …
Viele junge Menschen werden Eltern, nachdem …

2 Kinder oder Karriere? Äußern Sie Ihre Meinung.

Ich finde, dass man keine Kinder kriegen soll, bevor man fertig studiert hat.

- fertig studieren
- eine Ausbildung machen
- einen guten Job finden
- heiraten
- sich an den Partner gewöhnen
- alles im Leben ausprobieren
- ausreichend Spaß im Leben haben
- viel herumkommen
- das Leben auf die Reihe kriegen
- viele Erfahrungen machen
- genügend Geld sparen
- eine eigene Wohnung finden

3 Ergänzen Sie *als* oder *wenn*.

Annika, 44: Ich glaube, man sollte Kinder bekommen, _______ man sie wirtschaftlich versorgen kann. Meine Karriere war immer sehr wichtig für mich. _______ aber vor einem Jahr meine beste Freundin schwanger wurde, wollte ich auch ein Kind. Mein Sohn ist jetzt zwei. Ich sehe keine Probleme, _______ Frauen mit 40 oder auch später Kinder bekommen. _______ mein Sohn groß ist, kann ich ihm etwas bieten. Und das ist es, was zählt, und nicht das Alter.

Christian, 48: Ich bin stolzer Vater von 5 Kindern, habe mein erstes mit 21 bekommen, _______ ich noch lange nicht reif dazu war. _______ ich heute daran denke, bin ich nicht sicher, ob das richtig war.

Sven, 28: Ich glaube, man sollte Kinder kriegen, _______ man sich darüber im Klaren ist, warum man Kinder will und wie man sie erziehen will. Vielleicht liegt das richtige Alter zwischen 30 und 35. Aber nicht später. _______ Mann und Frau über 45 sind, sollten sie dran denken, Opa und Oma zu werden. Außerdem wird das Kind es nicht leicht im Leben haben, _______ es alte Eltern hat.

Christiane, 21: Ich bekam meine Tochter, _______ ich noch zur Schule ging. Ich war 16 und hatte keine feste Beziehung, _______ das passierte. Meine Eltern waren geschockt, _______ ich ihnen von meiner Schwangerschaft erzählte. Mein Vater meinte: _______ ich ein Kind mit 16 kriege, ruiniere ich meine Zukunft. Natürlich ist es nicht einfach, sich um das Baby zu kümmern, _______ man selbst noch so jung ist. Aber ich habe es geschafft. _______ ich heute mit meiner Tochter spazieren gehe, halten mich viele für das Au-pair-Mädchen.

4 Wann ist der beste Zeitpunkt für ein Kind?

Christoph möchte Kinder haben, wenn er mit dem Studium fertig ist.

Christoph, 19: Kinder? Toll! Aber nicht jetzt. Vielleicht nach dem Studium. (wenn)

Anna, 28: Für Kinder habe ich momentan keine Zeit. Das Thema Nummer eins ist für mich meine Karriere. Und das bedeutet, Vollzeit zu arbeiten, mit vielen Überstunden. (solange)

Sabine, 35: Ich bin zufrieden mit meinem Leben. Kinder …? Nein, dazu bin ich noch nicht bereit. (wenn)

Andreas, 26: Ich will Kinder. Zwei oder drei sogar. Aber meine Zukunft ist noch unklar. Da wäre es unverantwortlich, Kinder zu kriegen. (solange)

Miriam, 22: Mein Freund und ich sind erst seit sechs Monaten zusammen. Wir wollen schon ein Baby. Aber wir sollten warten und uns zuerst besser kennenlernen. (bis)

Eltern mit 16 oder mit 40 – wie ist Ihre Meinung dazu? Welche Vor- und Nachteile sehen Sie?

Beruf: Schauspieler/in

1 Verbinden Sie die Sätze mit *obwohl*.

Viele träumen von einer Schauspielerkarriere, obwohl dieser Beruf sehr anstrengend ist.

Viele träumen von einer Schauspielerkarriere. Dieser Beruf ist sehr anstrengend.

Viele wollen als Schauspieler arbeiten. Es ist nicht leicht, in diesem Beruf erfolgreich zu sein.

Vor allem junge Menschen möchten Schauspieler werden. Schauspieler haben oft Schwierigkeiten, ein festes Engagement zu bekommen.

Viele können von ihrem Beruf nicht leben. Sie schließen die Schauspielschule mit Auszeichnung ab.

Viele Schauspieler möchten mit keinem gut verdienenden Geschäftsmann tauschen. Sie müssen oft auf Sicherheit, ein gutes Gehalt und regelmäßige Arbeitszeiten verzichten.

Viele träumen von diesem Beruf. Der Berufsalltag von Schauspielern besteht aus Proben, Proben, Proben und wenigen Aufführungen.

Junge Schauspieler verdienen nicht viel. Oft bringen sie vollen Einsatz.

Manche junge Menschen sind für den Beruf nicht geeignet. Sie haben viel Talent.

2 Ergänzen Sie mit *obwohl*.

Für viele junge Menschen ist der Schauspielerberuf ein großer Traum, obwohl besonders junge Schauspieler um Arbeitsmöglichkeiten kämpfen müssen.

Für viele junge Menschen ist der Schauspielerberuf ein großer Traum, …
Viele träumen vom Beruf des Schauspielers / der Schauspielerin, …
Die meisten träumen von Ruhm und Reichtum, …

Besonders junge Schauspieler müssen um Arbeitsmöglichkeiten kämpfen.
Wirklich erfolgreich werden nur ganz wenige Schauspieler.
Krisenzeiten und magere Jahre sind absolut normal.
Der Erfolg kann auch schnell wieder vorüber sein.
Oft lässt man sich bei Rollenangeboten auf Kompromisse ein.
Das Schauspielerleben ist hart und man muss auf einiges verzichten.
Nicht jeder Gefeierte kann mit Ruhm und Erfolg wirklich umgehen.
Kann man sich neben der Schauspielarbeit überhaupt ein Privatleben leisten?
Manchmal lebt man monatelang in irgendwelchen Hotelzimmern, weit weg von daheim.

3 Kennen Sie Schauspieler oder Künstler? Wie leben sie? Berichten Sie.

Mein Onkel ist Musiker in einem Orchester. Er reist sehr viel und kennt viele Menschen …

4 Sagen Sie es anders. Beginnen Sie mit *obwohl*.

Obwohl viele Schauspieler ohne großen Erfolg arbeiten, ist dieser Beruf sehr begehrt.

Viele Schauspieler arbeiten ohne großen Erfolg. Trotzdem ist dieser Beruf sehr begehrt.

Selten können Schauspieler ganz von ihrer Arbeit leben. Trotzdem glauben alle fest an ihr Glück.

Der Schauspielerberuf ist sehr hart. Trotzdem träumen viele von einer Schauspielerkarriere.

Als Schauspieler muss man sehr früh Disziplin und Verzicht lernen. Trotzdem schreckt das junge Menschen nicht ab.

Die Arbeitslosigkeit unter den Schauspielern ist ziemlich hoch. Trotzdem träumt fast jeder zehnte Jugendliche von der Schauspielerkarriere.

Viele jobben in anderen Berufen. Trotzdem stürmen jedes Jahr Tausende von jungen Menschen die Schauspielschulen.

Nur ein Zehntel der Schauspieler arbeitet wirklich regelmäßig in dem Beruf. Trotzdem glauben alle, Talent allein genügt zum Erfolg.

Das Alter wird besonders bei Schauspielerinnen zum größten Problem. Trotzdem wollen viele junge Frauen in die Fußstapfen von Julia Roberts und Angelina Jolie treten.

Ehen und Partnerschaften sind unter Schauspielern besonders instabil. Trotzdem sind die meisten bereit, mögliche Schwierigkeiten in Kauf zu nehmen.

Schauspieler müssen eine Menge Kritik und Niederlagen einstecken. Trotzdem lassen sich die meisten nicht von ihrem Traumjob abbringen.

5 Äußern Sie Ihre Meinung. Ergänzen Sie.

Ich wäre (nicht) gern Schauspieler/in, obwohl ...
Obwohl es oft Krisen und Enttäuschungen gibt, ...
Obwohl eine gute Ausbildung in einer renommierten Schauspielschule wichtig ist, ...
Schauspieler sein klingt verlockend, obwohl ....
Obwohl man als Ärztin oder Manager bestimmt mehr verdient, ...
Obwohl es immer mehr Fernsehsendungen und Serien gibt, ...

..., obwohl der Beruf viele Schattenseiten hat.
..., obwohl die meisten eine hundertprozentige Leistung bringen.
..., obwohl Talent und Einsatz allein auch nicht den Erfolg bringen.
..., obwohl man vor jedem Auftritt Lampenfieber hat und schrecklich nervös ist.

Verfassen Sie einen Appell an einen jungen Menschen, der Schauspieler/in werden möchte. Gehen Sie dabei auch auf die Schattenseiten dieses Berufes ein.

Richtig reisen

❶ Warum gehen Menschen auf die Reise?

Man geht auf Reisen, um sich zu erholen und sich zu entspannen.

Man geht auf Reisen, …
Man unternimmt/macht Reisen, …
Viele / Die meisten Menschen reisen, …

sich erholen und sich entspannen
sich selbst finden
ein Abenteuer erleben
Erfahrungen sammeln
sich weiterbilden
fremde Kulturen kennenlernen
aus dem Alltag fliehen
unbekannte Länder besuchen
exotische Gerichte probieren
eine neue Sprache lernen
den kalten Winter hinter sich lassen

❷ Formulieren Sie Tipps für einen gelungenen Urlaub.

Nutzen Sie die Frühbucherpreise, um Geld zu sparen.

die Frühbucherpreise nutzen – Geld sparen
das Hotelzimmer vorher reservieren – nicht lange suchen müssen
den Urlaub zusammen mit dem Partner planen – Streit vermeiden
sich rechtzeitig um das Visum kümmern – Stress bei der Passkontrolle vermeiden
die Reisetasche ohne Eile packen – nichts vergessen
sich impfen lassen – sich vor gefährlichen Krankheiten schützen
nicht zu viel einpacken – keine schweren Koffer schleppen müssen
sich einen Reiseführer kaufen – sich auf das Urlaubsland vorbereiten können
ein paar wichtige Wörter in der Landessprache lernen – sich verständigen können
die Reiseapotheke einpacken – kleinere Beschwerden selbst behandeln

❸ Wie bereiten Sie sich auf eine Reise vor? Erzählen Sie.

Vor der Reise gehe ich in die Bücherei, um mir Bücher und Videos über mein Reiseziel anzusehen.

Bitten Sie einen Nachbarn während Ihrer Abwesenheit die Pflanzen zu gießen, damit sie nicht vertrocknen.

❹ Wie schützt man sich vor bösen Überraschungen?

Bitten Sie einen Nachbarn während Ihrer Abwesenheit die Pflanzen zu gießen. Die Pflanzen vertrocknen so nicht.

Bitten Sie einen Nachbarn die Post aus dem Briefkasten zu nehmen. So gehen keine Briefe verloren.

Hinterlassen Sie Ihre Urlaubsadresse. So kann Ihre Familie Sie im Notfall erreichen.

Bestellen Sie Zeitungs-Abos ab. So platzt Ihr Briefkasten nicht.

Machen Sie Kopien von Pass und Kreditkarten. So haben Sie bei Verlust einen Nachweis über Ihre Dokumente.

Informieren Sie sich über das Klima im Urlaubsland. So müssen Sie weder frieren noch schwitzen.

Wiegen Sie Ihren Koffer vorher. So bekommen Sie am Flughafen keinen Ärger.

Schließen Sie am Abreisetag alle Fenster und Türen. Einbrecher haben so keine leichte Beute.

Stellen Sie Wasser und Strom ab, leeren Sie den Kühlschrank und bringen Sie den Müll weg. So finden Sie Ihre Wohnung genau so vor, wie Sie sie verlassen haben.

Manche Menschen verzichten auf eine Reise, um nicht an vollen Stränden zu liegen. Viele bleiben zu Hause, damit …

❺ Es gibt auch Menschen, die lieber zu Hause bleiben. Warum?

Manche Menschen verzichten auf eine Reise …
Manche bleiben lieber zu Hause …

nicht an vollen Stränden liegen
ihr Nervensystem bleibt gesund
nicht im Stau stecken
ihr Geld bleibt auf dem Konto
sie bezahlen kein teures Hotel
Geld und Energie sparen
die Umwelt nicht belasten
sich nicht in Massen in Hotels und Restaurants aufhalten
nicht bestohlen werden
gesundheitliche Probleme vermeiden
sich mit fremden Sprachen quälen

Erzählen Sie, wohin Ihre nächste Reise geht und warum Sie sich genau für dieses Ziel entschieden haben.

Was ist Heimat?

1 Finden Sie die passenden Ergänzungen.

Heimat ist das Land, in dem ich aufgewachsen bin.

Heimat ist das Land,	an die ich oft denke.
Heimat ist das Land,	von der ich in der Nacht träume.
Heimat ist der Ort,	in dem ich mich wohl und frei fühle.
Heimat ist die Landschaft,	in dem ich aufgewachsen bin.
Heimat ist die Sprache,	die ich über alles liebe und vermisse.
Heimat ist die Stadt,	die mir vertraut ist und in der meine Freunde leben.
Heimat ist die Musik,	mit denen ich viel Spaß habe.
Heimat sind meine Freunde,	die ich gern höre und die mich mit Stolz erfüllt.
Heimat ist die Natur,	mit dem ich mich verwurzelt fühle.
Heimat ist meine Familie,	an die ich mich sehnsüchtig erinnere.
Heimat ist meine Kindheit,	ohne die ich mir mein Leben nicht vorstellen kann.

2 Ergänzen Sie die Relativpronomen.

Sabine, 47: Heimat ist für mich etwas, _________ nicht an einen bestimmten Ort gebunden ist. Heimat, das sind für mich Menschen und Erlebnisse, _________ mir etwas bedeuten.

Juliane, 56: Also für mich ist Heimat der Ort, _________ ich mich wohl fühle, _________ meine Freunde und meine Familie sind. Für mich ist Heimat auch die Freude, _________ ich spüre, wenn ich in einem fremden Land meine Sprache höre.

Sebastian, 28: Heimat bedeutet für mich ein Biergarten, _________ ich mich an warmen Sommerabenden mit meinen Freunden treffe. Heimat ist einfach das ganze Umfeld, _________ mir hilft, mich nach einem stressigen Arbeitstag zu erholen und zu entspannen.

Marianne, 19: Also für mich bedeutet Heimat einen Ort, _________ ich mich wohl fühle, _________ ich jederzeit willkommen bin, _________ mich Leute so akzeptieren, wie ich bin, _________ keiner an mir herum meckert, _________ ich Geborgenheit finde.

Mehmet, 28: Wenn ich an Heimat denke, dann kommen mir immer sofort Bilder aus meiner Kindheit in den Kopf. Ich sehe unseren Garten vor mir, _________ ein riesiger Apfelbaum stand. Ich spüre den Geruch gebratener Auberginen, _________ in der Luft liegt, und ich sehe meine Mutter, _________ an der Nähmaschine sitzt.

Irina, 63: Die Bedeutung von Heimat bleibt dem Menschen, _________ sie besitzt, eher unbewusst und verborgen. Richtig erfahrbar wird sie erst für denjenigen, _________ sie verloren hat.

❸ Was ist richtig? Unterstreichen Sie.

Die einzige Heimat, *die / der / das* für mich zählt, ist das zivilisierte Benehmen. *(Sir Peter Ustinov)*

Heimat sind die Menschen, *mit denen / die / der* wir verstehen und *der / die / mit denen* uns verstehen. *(Max Frisch)*

Ein Mensch, *der / dem / den* keine Heimat hat, gleicht einem windverwehten Blatt. *(Erich Limpach)*

Heimat ist für mich überall dort, *was / wo / wohin* ein Mensch ist, *zu der / zu dem / zu denen* ich kommen kann, ohne gefragt zu werden, weshalb ich da bin, *die / der / was* mir einen Tee anbietet, weil er weiß, dass ich Tee trinke, und *in der / wo / wohin* ich bei dieser Tasse Tee schweigen darf. *(Reiner Kunze)*

❹ Erklären Sie die Begriffe.

Mein Heimatort ist der Ort, aus dem ich komme und in dem meine Verwandten und Bekannten leben.

der Heimatort · das Heimatland · der Heimathafen · das Heimatmuseum · die Heimatstadt · der Heimatfilm

❺ Fassen Sie die Aussagen zusammen.

Wolfgangs Heimat sind die Alpen. Das ist für ihn der schönste Ort auf der Erde, wo die Wurzeln seiner Familie liegen und wo er sich wirklich zu Hause fühlt.

Wolfgang, 51: Meine Heimat sind die Alpen. Das ist für mich der schönste Ort auf der Erde. Hier liegen die Wurzeln meiner Familie. Hier fühle mich wirklich zu Hause.

Brigitte, 45: Meine Heimat ist Wien. Hier bin ich geboren. Und auch meine Wohnung ist meine Heimat. Hier bin ich aufgewachsen und hier lebe ich, solange ich denken kann. Heimat ist für mich unser kleiner Familienbetrieb. Ich hänge daran.

Robert, 24: Heimat sind für mich Dinge und Menschen. Ich mag und kenne sie. So wie meine Lieblingskneipe. In der Kneipe bin ich oft mit meinen Freunden.

Claudia, 22: Meine Heimat ist ein kleines Dorf in Norddeutschland. Hier leben meine Großeltern. Die habe ich als Kind immer in den Ferien besucht. Heimat verbinde ich auch mit Geschichten. Die hat mir meine Oma vorgelesen, als ich noch klein war. Ich will sie auch an meine Kinder weitergeben.

Was ist für Sie „Heimat"? Erzählen Sie.

Traumberufe

❶ Von welchen Jobs träumen die Menschen?

Die meisten Menschen wünschen sich einen Job, der ihnen gefällt und Spaß macht.

Die meisten Menschen wünschen sich einen Job, …
Viele träumen von einem Job, …
Für viele wäre der Traumjob ein Beruf, …

Der Job gefällt einem und macht Spaß.
Bei dem Job kann man seine Interessen und Neigungen einbringen.
Der Job entspricht den eigenen Stärken und Neigungen.
In dem Job wird man angemessen bezahlt.
In dem Job kann man selbstständig arbeiten.
In dem Beruf kann man reich werden.
Der Job fordert einen heraus.
Bei dem Beruf hat man 12 Wochen Ferien im Jahr.
Der Job hat gute Zukunftschancen.
Bei dem Job kann man durch die ganze Welt reisen.
Der Job ist sehr breit angelegt und vereint verschiedene Aspekte.
In dem Job hat man viel mit Politikern und Prominenten zu tun.

❷ Es muss nicht immer Hollywood sein. Ergänzen Sie.

Manuela, 28: Ich bin Flugbegleiterin und sehr froh, dass ich einen Beruf ausübe, _________ mir sehr viel Abwechslung bringt und _________ ich viele Kontakt zu sehr unterschiedlichen Menschen habe. Und außerdem ist es ein Job, _________ auch noch gut bezahlt wird.

Sven, 37: Ich bin Frisör. Das war schon immer der Job, _________ ich mir gewünscht habe. Viele gucken komisch, wenn ich ihnen das sage. Aber für mich ist das eine Arbeit, _________ sehr kreativ ist und viel Fantasie erfordert und _________ man täglich mit den unterschiedlichsten Menschen zu tun hat.

Elvira, 42: Ich arbeite als ambulante Krankenpflegerin. Das ist ein harter Job, _________ starke physische und seelische Belastbarkeit voraussetzt und _________ nicht jeder geschaffen ist. Trotzdem mag ich die Arbeit, _________ mir das Gefühl gibt, gebraucht zu werden.

Jonas, 29: Ich arbeite als Softwareentwickler in einer großen Firma. Das ist für mich ein absoluter Traumjob, _________ mich ausfüllt und _________ ich die besten Aufstiegschancen habe.

❸ Was wollten Sie als Kind werden? Erzählen Sie.

Ich wollte ein erfolgreicher und berühmter Fußballprofi werden, der viel Geld verdient.

❹ Welcher Beruf passt zu wem?

Als Landwirt eignet sich jemand, der gern draußen arbeitet.

Als Landwirt eignet sich jemand, ...
Als Empfangsdamen arbeiten meistens junge Frauen, ...
Eine Führungsposition erreichen oft diejenigen, ...
Gute Pädagogen sind meistens Menschen, ...
Als Künstler sollten Menschen arbeiten, ...
Für eine Tätigkeit in der Werbebranche ist derjenige geeignet, ...
Für die Sozialarbeit bewerben sich junge Männer und Frauen, ...

vor denen Jugendliche Respekt haben und von denen sie sich ernst genommen fühlen.
die kontaktfreudig sind und mit Menschen umgehen können.
die mit unterschiedlichen Menschen umgehen und auf diese auch eingehen können.
für den Abwechslung und Fantasie im Job besonders wichtig sind.
der gern draußen arbeitet.
für die Anerkennung von Kollegen und Vorgesetzten sehr wichtig ist.
die eine kreative Ader haben.

❺ Verfassen Sie kurze Werbetexte für folgende Berufe.

Schriftsteller/Schriftstellerin kann jemand werden, der eine gute Allgemeinbildung hat und belesen ist. Schriftsteller ist ein Beruf, für den ...

Schriftsteller/Schriftstellerin	gute Allgemeinbildung, Belesenheit umfangreicher Wortschatz, gutes Sprachgefühl sehr gute Zeiteinteilung, Disziplin
Journalist/Journalistin	Belastbarkeit, Mobilität, ein „dickes Fell" Organisationstalent, Zielstrebigkeit Durchsetzungsvermögen, Fremdsprachenkenntnisse
Architekt/Architektin	gutes räumliches Vorstellungsvermögen mathematisches Denken, Neugier, Teamgeist Offenheit für Neues, Kreativität
Arzthelfer/Arzthelferin	Kontaktfreudigkeit, Verantwortungsbewusstsein Ordnungssinn, körperliche und psychische Belastbarkeit Flexibilität und Engagement

Von welchen Berufen träumen junge Leute in Ihrem Heimatland? Welche Voraussetzungen braucht man, um diese Berufe ausüben zu können?

Mehrsprachigkeit – (k)ein Problem?

Soll man mehrere Sprachen gleichzeitig lernen? Oder lieber eine nach der anderen? Über 70 % der Weltbevölkerung benutzen täglich mehr als eine Sprache. Mehrsprachigkeit ist also ganz normal – Einsprachigkeit ist eher die Ausnahme.

1 Markieren Sie die richtige Präposition.

Ich möchte mich lieber nur auf eine Sprache konzentrieren.

Andreas, 34: Ich möchte mich lieber nur *auf / an / in* eine Sprache konzentrieren. Aber wenn ich eine Sprache schon ganz gut kann und mich nur noch verbessern will, kann ich sicher auch *in / auf / mit* einer anderen anzufangen.

Brigitte, 51: Das ist ganz verschieden und hängt *mit / von / zu* jedem Einzelnen ab.

Christoph, 17: Auf / Mit / Nach Schwierigkeiten muss man rechnen, wenn man gleichzeitig mit sehr ähnlichen Sprachen anfängt, z. B. mit Italienisch und Spanisch. Wenn man aber die eine Sprache schon gut kann, kann man auch *mit / zu / von* der nächsten beginnen.

Karin, 32: Ich bin selbst zweisprachig aufgewachsen. Ich gehöre *zu / mit / nach* zwei Kulturen. Jetzt bin ich *von / mit / zu* einem Amerikaner verheiratet. Unsere Tochter besucht den zweisprachigen Kindergarten. Und ich möchte mich bewusst *an / für / über* Mehrsprachigkeit in der Schule hier in Deutschland einsetzen.

2 Was passt zusammen?

Die meisten Menschen interessieren sich für andere Länder und fremde Traditionen.

Die meisten Menschen interessieren sich …
In unserer Zeit entscheiden sich immer mehr Menschen …
Dabei geht es …
Einige zweifeln aber …
Bei mehrsprachigen Kindern kommt es häufig …
Viele Politiker bemühen sich …
Schulen und Universitäten machen sich ernsthaft Gedanken …

um gute Ausbildungs- und Berufschancen für junge Leute.
für mehrere Fremdsprachen.
am Sinn von Mehrsprachigkeit.
für andere Länder und fremde Traditionen.
zur Vermischung der Sprachen im Gespräch.
über die Vorteile der Mehrsprachigkeit bei der Jobsuche.
um den Abbau von Barrieren in der Kommunikation zwischen Menschen.

Ich habe mich schon als Kind für Sprachen interessiert …

3 Sprechen Sie mehr als eine Fremdsprache? Schildern Sie Ihren Lernweg.

Da ich richtig und fließend Deutsch sprechen will, möchte ich an einem Deutschkurs teilnehmen.

4 Ergänzen Sie die Präpositionen. Was trifft auf Sie zu?

Da ich richtig und fließend Deutsch sprechen will, möchte ich …

- _____ einem Deutschkurs teilnehmen.
- beim Reden nicht _____ jedes Wort nachdenken.
- mich _____ mehr Kontakte mit Muttersprachlern bemühen.
- die Leute auf der Straße öfter _____ dem Weg fragen.
- fest _____ den Erfolg glauben, auch wenn es manchmal schwer fällt.
- mich auch _____ kleine Erfolge freuen und mich da_____ belohnen.
- mich nicht _____ Misserfolge aufregen.
- öfter feiern und auch Deutsche _____ meinen Partys einladen.

Beim Sprechen mache ich weniger Fehler, …

- wenn ich mich _____ die Grammatik konzentriere.
- wenn ich keine Angst _____ Fehlern habe.
- wenn ich _____ die Wortstellung im Satz achte und das Verb zum Schluss nicht vergesse.
- wenn ich mehr Wert _____ das Wörterlernen lege.
- wenn ich mich möglichst oft _____ Deutschen unterhalte.

Damit ich neue Wörter besser lerne, …

- bitte ich meine Gesprächspartner oft _____ eine einfache Erklärung.
- verzichte ich beim Lesen oft _____ das Wörterbuch, denn sonst macht es keinen Spaß.
- verlasse ich mich beim Sprechen öfter _____ meine Intuition.
- fange ich meinen Tag immer da_____ an, dass ich alle neuen Wörter wiederhole.
- und ich höre _____ dem Wiederholen erst dann auf, wenn ich alle Wörter kann.

Ich fühle mich beim Sprechen unsicher, …

- wenn andere _____ mich lachen.
- wenn ich _____ dem Thema nichts verstehe und die anderen mich _____ dumm halten.
- wenn ich mich _____ das passende Wort nicht erinnern kann.

Lernen in Ihrem Heimatland viele Menschen eine Fremdsprache? Wenn ja, welche? Schreiben Sie einen kurzen Bericht darüber.

Was ist wichtig im Leben?

1 Ergänzen Sie die Präpositionen.

Schon als Kind interessierte ich mich für Musik.

Julian, 32: Mir ist vor allem die Musik wichtig. Schon als Kind habe ich mich _____ Musik interessiert. Mit drei Jahren habe ich _____ meinem Musikunterricht begonnen. Ich erinnere mich noch sehr gut _____ meine erste Geige. Meine Mutter unterrichtet Klavier, aber ich habe mich _____ Geige entschieden. Sie hat mich immer unterstützt und nie _____ meinem Talent gezweifelt.

Sebastian, 18: Für mich sind Freunde und Karriere wichtig. Ich träume _____ einer Karriere als Profifußballer. Das ist mir wichtig. Ich habe _____ mehreren Turnieren und Trainingsspielen teilgenommen. Die Zeit, um mich _____ den Wettbewerb vorzubereiten, ist meist knapp, weil ich noch zur Schule gehe. Aber ich will mein Ziel auf jeden Fall erreichen.

Ines, 22: Ehrlichkeit und Freiheit sind sehr wichtig für mich. Auch meine Freunde sind mir wichtig. Es gibt viele, _____ denen ich mich sehr gut verstehe und _____ denen ich mich oft verabrede. Im Moment konzentriere ich mich _____ das Studium.

Urs, 46: Das Wichtigste im Leben sind meine Kinder. Wenn sie Probleme haben, bin ich für sie da, sie können mich jederzeit _____ Hilfe bitten. Wir sprechen oft _____ ihre Zukunftspläne. Die beiden gehen noch zur Schule. Sie hoffen _____ ein gutes Abitur und möchten sich _____ einen guten Ausbildungsplatz bewerben.

2 Wovor haben Menschen am meisten Angst?

Viele Menschen haben Angst vor dem Tod. Einige fürchten sich vor Arbeitslosigkeit.

- Tod
- Krankheiten
- Krieg
- Naturkatastrophen
- Hilflosigkeit im Alter
- finanzielle Probleme
- Arbeitslosigkeit
- Einsamkeit
- das Fliegen
- tiefes Wasser
- große Höhen
- Käfer, Spinnen, Schlangen oder Mäuse

...

❸ Wer freut oder ärgert sich worüber?

Marina freut sich über gutes Wetter. Sie ärgert sich über laute Nachbarn.

Marina, 45:	gutes Wetter	laute Nachbarn
Andreas, 19:	Einladungen zu Partys	schlechte Politiker
Christina, 67:	jeder neue Tag	unfreundliche Menschen
Vera, 43:	gute Filme und gute Bücher	Unpünktlichkeit meines Freundes
Sebastian, 32:	meine neue Wohnung	Zugverspätungen
Bernd, 52:	meine gute Gesundheit	hohe Managergehälter
Sigrid, 44:	neuer Freund	Baustelle in meiner Straße

❹ Gibt es etwas, worüber Sie sich besonders freuen und ärgern?

Ich ärgere mich über die teuren Preise in den Restaurants …

❺ Ergänzen Sie das Fragewort.

Wovon hängt es ab, ob du ein „sinnvolles Leben" führst?

________ hängt es ab, ob du ein „sinnvolles Leben" führst?
________ achtest du zuerst, wenn du neue Menschen kennenlernst?
________ fängt dein Tag normalerweise an?
________ ärgerst du dich am meisten?
________ beschäftigst du dich in deiner Freizeit?
________ besteht deiner Meinung nach ein glückliches Leben?
________ möchtest du dem Schicksal danken?
________ denkst du vor dem Schlafengehen?
________ würdest du nie mit fremden Menschen sprechen?
________ erinnerst du dich am liebsten?
________ kannst du dich nicht gewöhnen?
________ würdest du nachdenken, wenn du allein auf einer Insel wärst?
________ riecht deine Heimat?
________ würdest du gern alle Kinder dieser Welt schützen?
________ wunderst du dich, wenn du in ein fremdes Land kommst?
________ kannst du im Leben auf keinen Fall verzichten?
________ sollte man sich nie beschweren?
________ fürchtest du dich am meisten?
________ würdest du nie zweifeln?

Beschreiben Sie Ihre Lebenseinstellung und beantworten Sie einige Fragen aus Aufgabe 5.

Wenn ich keine Freunde hätte ...

❶ Können Sie sich ein Leben ohne Freunde vorstellen?

Wenn ich keine Freunde hätte, wäre ich ziemlich einsam.

Wenn ich keine Freunde hätte, ...
Ohne Freunde ...

- ziemlich einsam sein
- oft zu Hause herumsitzen und sich langweilen
- niemanden haben, mit dem man richtig lachen kann
- weniger Spaß am Leben haben
- mehr Schlaf bekommen
- nicht so viel Geld für Geburtsgeschenke ausgeben
- seltener ausgehen
- weniger Tratsch und Klatsch hören
- sich nicht über geplatzte Verabredungen ärgern müssen
- die Telefonrechnung wird sehr viel billiger
- keiner erzählt mir mehr die neuesten Witze

Freunde brauchen wir zum Reden und zum Schweigen, zum Ausheulen und zum Lachen. Manche begleiten uns durchs ganze Leben. Unser Alltag wäre grau, wenn wir sie nicht hätten.

❷ Ergänzen Sie.

Karen, 19: Wenn ich keine Freunde ___________, dann ___________ ich völlig aufgeschmissen (haben, sein). Ohne meine Freunde ___________ ich mein Leben nur halb so schön (finden).

Steffi, 22: Natürlich ___________ ich mehr Zeit für mich und es ___________ vielleicht weniger Probleme mit dem Partner, aber das ___________ mir sicherlich nicht (haben, geben, gefallen).

David, 28: Wenn ich keine Freunde ___________, ___________ mich niemand ___________, niemand ___________ am Wochenende ___________. Ich ___________ alleine im Café und ___________ niemanden zum Reden. (haben, anrufen, vorbeikommen, sitzen, haben).

Silvana, 48: Ohne Freunde ___________ ich oft schlecht drauf und es ___________ mir sehr schlecht (sein, gehen). Ich ___________ ___________ verloren und ich ___________ niemanden, der mit mir ___________ und mich ___________ (sich fühlen, haben, reden, unterstützen).

Toni, 31: In der Nacht ___________ ich lange nicht ___________, ich ___________ im Bett und ___________ darüber ___________, wie schön es ___________, Freunde zu haben (einschlafen können, liegen, nachdenken, sein).

Er wäre nicht mein bester Freund, wenn er mich in Schwierigkeiten brächte.

❸ Was macht Ihren besten Freund / Ihre beste Freundin aus?

Er/Sie wäre nicht mein bester Freund / meine beste Freundin, wenn …

Ein guter Freund / eine gute Freundin

- bringt Sie nicht in Schwierigkeiten
- hintergeht Sie nicht
- belügt Sie nicht
- lässt Sie nie im Stich
- hört Ihnen zu
- nimmt Sie in den Arm, um Sie zu trösten
- versteht sich prima mit Ihnen
- steht immer hinter Ihnen, egal was passiert
- ist immer für Sie da
- geht mit Ihnen durch dick und dünn
- legt für Sie seine/ihre Hand ins Feuer

Ein dummes Missverständnis, ein heftiger Streit und die Freundschaft, die ein Leben lang halten sollte, zerbricht.

Wenn Andy mehr Zeit in die Freundschaft investiert hätte, wäre sie nicht in die Brüche gegangen.

❹ Wie halten Freundschaften länger?

Andy, 26: Ich habe nicht genügend Zeit in die Freundschaft investiert.

Monika, 32: Ich habe die Geheimnisse, die meine Freundin mir anvertraut hat, weiter erzählt.

Verena, 18: Ich war immer eifersüchtig, wenn meine Freundin ab und zu mal ohne mich etwas unternommen hat. So habe ich sie verloren.

Bastian, 51: Ich habe mich manchmal über meinen Freund geärgert, aber ich habe das immer hinuntergeschluckt und nie offen darüber gesprochen.

Christina, 22: Ich habe meiner Freundin einen kleinen Fehler nicht verziehen. Seitdem haben wir keinen Kontakt mehr.

Sabine, 45: Meine Freundin hatte Probleme zu Hause und es ging ihr richtig schlecht. Ich war nicht für sie da, als sie mich brauchte. Ich war zu sehr mit mir selbst beschäftigt.

Denken Sie an einen guten Freund / eine gute Freundin, der/die Ihnen wichtig ist. Wie würde Ihr Leben aussehen, wenn diese Freundschaft plötzlich auseinanderginge?

Leben ohne Internet?

Ein Leben ohne Computer und Internet können sich viele Menschen gar nicht mehr vorstellen.

❶ Welche Textteile passen zusammen? Ergänzen Sie den Konjunktiv II.

Patrick, 64: In meinem Leben würde sich kaum etwas verändern. Ich habe nämlich keinen Computer. Ich bin ein Fernsehfan. Auf meinen Fernseher könnte ich allerdings nicht verzichten. Wenn er kaputt wäre, …

Claudia, 38: Ohne Internet könnte ich mir mein Leben nicht mehr vorstellen. Seit einem schweren Unfall vor ein paar Jahren sitze ich im Rollstuhl und bin nicht mehr so mobil wie früher.
Ohne Internet wüsste ich nicht, was in der Welt passiert. Und ich könnte nicht so problemlos Menschen kennenlernen, wie ich das im Chat mache. Ich wäre völlig hilflos, …

Birgit, 32: Das wäre eine tolle Sache. Wenn es kein Internet gäbe, hätten meine Kinder mit Sicherheit mehr Zeit für ihre Hausaufgaben oder den Sport. Und mein Mann säße auch nicht so oft vor dem Bildschirm und vielleicht gingen wir dann öfter aus, ins Kino oder sogar Tanzen und …

__________ Freunde (besuchen). Zu unseren Kindern __________ (haben) wir auch ein besseres Verhältnis. Und beim gemeinsamen Abendessen __________ (sich unterhalten) wir __________ über einen Film oder ein gelesene Buch, und nicht nur über Hardware und Software. Auf jeden Fall __________ (tun) es unserer Familie gut, mal auf das Internet zu verzichten. (*Wer spricht?* ______________)

__________ (sein) das für mich eine Katastrophe. Ich __________ (laufen) sofort in die nächste Reparaturstelle oder __________ meinen Freund Paul __________ (anrufen). Der versteht etwas davon. Wenn es aber nicht anders __________ (gehen), würde ich mir noch am selben Tag einen neuen Fernseher kaufen. (*Wer spricht?* ______________)

wenn es kein Internet __________ (geben), denn dann __________ (sitzen) ich die ganze Zeit allein in meinen vier Wänden und __________ (wissen) nicht, was ich mit mir anfangen __________ (sollen). Oder ich __________ (anrufen) dauernd Freunde und Bekannte __________ und __________ (gehen) ihnen bestimmt auf die Nerven. Nein, das Leben ohne Internet __________ (gefallen) mir überhaupt nicht. (*Wer spricht?* ______________)

❷ Wäre ein Alltag ohne Internet eine Katastrophe für Sie? Erzählen Sie.

Ohne Internet wäre mein Alltag vermutlich viel komplizierter. Aber vielleicht …

❸ Ein Monat ohne Internet. Wie wäre das?

Wenn ich einen Monat lang kein Internet hätte, würde ich endlich meine Diplomarbeit fertig schreiben. Und es wäre nicht schlecht, wenn ich mehr Zeit zum Lesen hätte. Vielleicht würde ich sogar einen Italienischkurs machen.

Jens, 26:	die Diplomarbeit fertig schreiben mehr Zeit zum Lesen haben einen Italienischkurs machen
Martina, 60:	endlich Zeit für meinen Garten finden die Lieblingsfilme auf Video ansehen weniger Probleme mit den Augen haben
Bernd, 49:	mehr Sport treiben, weniger zu Hause zu sitzen öfter ausgehen reale Menschen im Café oder beim Tanzen kennenlernen
Anna, 41:	gesünder leben, auf dem Markt einkaufen mehr Fahrrad fahren sich mit Freundinnen treffen, zusammen Ausflüge machen

❹ Schreiben Sie einen Appell an Angehörige von „Internetsüchtigen".

Liebe Eltern und Angehörige,

ohne Internet wäre das Leben junger Menschen vielleicht nicht so spannend. Ohne Internet könnten sie nicht so schnell etwas nachlesen, was sie für Schule oder Universität brauchen. Aber ohne Internet hätten sie auch weniger gesundheitliche Probleme ...

Mit der steigenden Verbreitung des Internets mehren sich die Fälle von „Internetsucht". Das heißt, dass die Betroffenen ihren Internetkonsum nicht mehr steuern können und trotz Problemen (z. B. Schlafmangel, Beziehungsprobleme, finanzielle Probleme) weiter online sind. Dies kann schlimme Folgen haben, wie zum Beispiel Verschuldung und schulischer oder beruflicher Abstieg. Aber auch gesundheitliche Schäden wie etwa Bewegungsmangel und falsche Ernährung sind möglich.

Die Existenz einer „Computersucht" im Sinne einer Abhängigkeit von Computerspielen ist umstritten. Allerdings sind aus Südkorea, wo die Spiele schon einen Großteil des Alltags einnehmen, inzwischen auch einige Fälle bekannt, in denen Spieler das Trinken vergessen haben. Mehrere Personen sind dadurch schon an Dehydrierung gestorben.

Eine Lokalzeitung hat ihre Leser um ihre Meinung zum Thema „Internet: Nutzen und Gefahren" gebeten. Schreiben Sie eine kurze Reportage für die Zeitung und führen Sie konkrete Beispiele an. Gehen Sie besonders auf die Gefahren für Jugendliche und Kinder ein.

1 **Artikel-Wörter und Substantiv**

Familie – Stress und Freude

1. Familie bedeutet für mich Liebe / ein Gutenachtkuss / Wärme / ein Zuhause / ein Lächeln am Morgen / Unterstützung / Verständnis füreinander, aber auch Konflikte / Ärger, ab und zu ein Streit und manchmal eine Belastung.

2. *Iris, 26:* Single – *Christoph, 38:* die/eine Familie – ein Familienmensch – das Wichtigste – Streit. – *Stephanie, 31:* Single – die Familie – die Familienfeste – die Verwandten – *Sebastian, 16:* Freunde – Konflikte – Die Probleme – eine Familie – Geborgenheit in der Familie – *Alexander, 23:* eine Karriere als Journalist – Eine Frau und ein Kind – Geld, Freiheit und Anerkennung

3. Die Familie braucht Unterstützung vom Staat / ein Haus / ein Familienauto / Aufmerksamkeit und Rücksicht / eine Tagesmutter / eine Schule in der Nähe / einen Kindergarten / einen Hund oder eine Katze / einen Kühlschrank mit Tiefkühltruhe / Geld.

4. *Familie Siebert* braucht vielleicht ein Ferienhaus und ein Gästebett. – *Susanne und Bernd* brauchen vielleicht Markenkleider und einen Sportwagen. Für sie ist eine Digitalkamera wichtig. Für *Christina* ist eine Tagesmutter wichtig. Und *Patrick* braucht vielleicht einen MP3-Player.

2 **Artikel-Wörter und Substantiv**

Zwei Zimmer, Küche, Bad

1. *Peter, 64:* ein – Das – einen – die
Erika, 44: eine – Die – einen – _ – die
Sabine, 16: ein – Das – eine – einen – einen
Bernd, 34: ein – Das – Die – Das – Die – Das – Die – die – Die – das – die

2. Mein Traumhaus ist ein Altbau. Aber es gibt einen Aufzug. Das Haus ist ruhig. Es gibt einen Hof. Das Haus hat auch einen Keller. Die Wohnung ist groß. Der Flur ist hell. Die Küche ist modern. Es gibt eine Einbauküche. Die Wohnung hat einen Balkon oder eine Terrasse. Das Bad ist sauber und hat ein Fenster. Die Miete ist niedrig. Und die Nachbarn sind nett.

3. Zum Supermarkt, zum Kindergarten, zur U-Bahn und zur Bushaltestelle sind es 5 Minuten zu Fuß. Zum Kino, zum Schwimmbad, zur Schule brauche ich 5 Minuten mit der Straßenbahn. Zum Park, zum Sportplatz und zum Kaufhaus sind es 10 Minuten mit dem Bus. Zum Stadtzentrum und zum Flughafen brauche ich 20 Minuten mit dem Auto.

4. *Lucas* braucht vielleicht einen Computertisch. Er kauft sich einen Bücherschrank und eine Couch. – *Clarissa* kauft sich einen Herd und eine Mikrowelle. Sie braucht auch einen Kühlschrank und einen Geschirrspüler. – *Christa und Olaf* brauchen einen Fernseher und einen DVD-Player. Und sie kaufen sich zwei Fernsehsessel. Für ihre Enkelkinder kaufen sie einen Computer und eine Hängematte. – *Matthias* braucht bestimmt einen Grill und einen Schlafsack. Er kauft sich vielleicht ein Keyboard.

3 **Artikel-Wörter und Substantiv**

Technik macht das Leben leicht

1. *Susanne, 31:* Kaffee – eine Tasse – Der Kaffee
Jürgen, 52: Lehrer – Geschichte – Deutsch – Zeitungen – einen/den Fernseher
Claudia, 15: ein Handy.
Christian, 29: die Mikrowelle – Die/Eine Mikrowelle
Verena, 38: der Computer – Briefe – einen Flug – Rechnungen – Musik
Sebastian, 16: das Fahrrad – Fahrrad

2. Mit dem Staubsauger machen wir sauber. – Mit der Waschmaschine waschen wir Wäsche. – Mit der Mikrowelle wärmen wir das Essen auf. – Mit dem Computer schreiben wir E-Mails. – Mit dem DVD-Player sehen wir Filme an. – Mit dem CD-Player hören wir Musik. – Mit dem Handy telefonieren wir. – Mit dem Scanner scannen wir Bilder ein.

3. *Norbert* hat bestimmt ein Fahrrad. Und wahrscheinlich hat er einen Videorecorder. – *Julian* hat bestimmt einen Fernseher und einen Staubsauger. Und wahrscheinlich hat er eine Mikrowelle, eine Waschmaschine und eine Tiefkühltruhe. – *Jochen* hat bestimmt einen Laptop und einen Computer. Und wahrscheinlich hat er einen Anrufbeantworter und ein Faxgerät. – *Ina* hat bestimmt eine Stereoanlage und einen CD-Player. Und wahrscheinlich hat sie einen Videorecorder.

4. Die Erfindung Nummer 1 ist für *Olivia* die Solaranlage. Mit der Solaranlage kann man die Sonnenenergie speichern. – Die Erfindung Nummer 1 ist für *André* ist das Telefon. Mit dem Telefon kann man mit seiner Freundin telefonieren. – Die Erfindung Nummer 1 ist für *Vera* die Digitalkamera. Mit der Digitalkamera kann man tolle Bilder machen. – Die Erfindung Nummer 1 ist für *Manfred* das Rad. Mit dem Rad kann man sich bewegen und gesund bleiben.

4 **Tempusformen: Präsens**

Menschen und ihre Hobbys

1. *Paul, 29:* mag – tanze
Verena, 19: sind – liebe – fährt – nehme
Sebastian, 56: sammle – habe
Marianne, 38: lese – liest – findet
Kerstin, 33: ist – sagen – ist – brauche
Michael, 25: spiele – treffen – machen – treten auf

2. *Alexander* skatet, fährt Fahrrad, schwimmt gern, hört Musik von Green Day und Nirvana und trifft sehr gern Freunde. – *Ted* macht gern Judo und Karate, isst Sushi, malt und zeichnet sehr gern. – *Irene* fotografiert gern, sie joggt und reist. Und sie tanzt sehr gern Tango. – *Erika* wandert und schwimmt gern, sieht oft fern und züchtet Angora-Katzen.

4. Patrick triff sich mit seinen Freunden und hört gern Musik. – In der Freizeit singen und fotografieren wir. – Mit meiner Freundin spreche ich im Café über Probleme. – Liest du gern und siehst du lieber fern? – Ich wandere, mag Blumen und arbeite gern im Garten. – Meine Mutter backt gern Kuchen und malt schöne Bilder.

5. Hallo, wir suchen ein nettes Paar. Wir gehen gern ins Theater, sehen Videos an, grillen. Mögt ihr nette Abende zu viert? Seht ihr gern Filme, diskutiert ihr gern mit Freunden? Dann meldet euch! – Hallo, ich suche einen Freund. Ich schreibe gern lange E-Mails, chatte, höre gern Pop und Hip-Hop. Magst du auch Musik? Schreibst du gern Briefe, sprichst du gern mit anderen? Dann melde dich! – Hallo, wir suchen Freunde. Wir sind Motorradfans, gehen regelmäßig ins Fitnessstudio, lesen Comics. Macht ihr gern Sport, spielt ihr gern Fußball und fahrt Motorrad? Dann meldet euch! – Hallo, ich suche einen Freund. Ich engagiere mich für Tiere, arbeite freiwillig im Tierheim, habe einen Hund. Magst du Tiere? Machst du freiwillige Arbeit? Dann melde dich!

5 **Tempusformen: Perfekt**

Du schaffst es!

1. *Lara, 16:* hat gemacht – hat gesagt – hat motiviert – habe geübt
Julia, 38: habe geschrieben – hat geglaubt – habe gelernt
Alex, 31: bin gelaufen – habe gemacht – hat geholfen – habe getroffen – hat erzählt – hat gegeben
Sebastian, 29: habe gewechselt – hat zugesprochen – hat motiviert – hat behalten

2. *Wolfgang* hat immer an den Erfolg geglaubt und ist ehrlich zu sich selbst gewesen. – *Patricia* ist bei Misserfolgen nicht in ein tiefes Loch gefallen. Sie hat nach Gründen für den Misserfolg gesucht und herausgefunden, was sie falsch gemacht hat und hat dann aus den Fehlern gelernt.

– Um sein Ziel zu erreichen, ist *Sven* mit großem Engagement bei der Sache gewesen. Er hat nach neuen Herausforderungen gesucht, immer neue Seiten in sich entdeckt und sein Talent entfaltet und gezielt eingesetzt. – *Sybille* hat nie den Kopf in den Sand gesteckt, auch nicht bei Schwierigkeiten. Und sie hat den anderen gezeigt, was sie kann. Sie ist diesem Motto immer gefolgt. Und es hat ihr geholfen.

3. *Heike* ist mit 50 zum Probeunterricht für Gitarre gegangen. Es hat ihr sehr gut gefallen. Sie hat sich gleich entschieden. Sie hat jeden Tag eine halbe Stunde geübt. Sechs Monate später ist sie auf einer Geburtstagsparty aufgetreten. Sie ist vor Aufregung fast gestorben. Es ist super gelaufen. Alle haben geklatscht und „Bravo" gerufen. Dieser kleine Erfolg hat motiviert und ermutigt. – *Bernd* hat ein Notebook von seinem Enkel geschenkt bekommen. Er hat sich für einen Computerkurs angemeldet. Er hat nie gedacht, dass es so interessant ist. Er hat andere Menschen in seinem Alter kennengelernt. Gemeinsam haben sie eine Website für den Seniorenverein entworfen. Alle haben die Seite gut gefunden. – *Ramona* hat starke Schmerzen im Rücken gehabt. Sie hat viele Therapien ausprobiert, nichts hat geholfen. Durch Zufall hat sie Tai-Chi entdecken. Sie ist regelmäßig zum Training gegangen. Nach einem Monat hat sie sich besser gefühlt. Die Schmerzen haben nachlassen. Das hat sie zum Weitermachen angeregt.

4. Ich habe mich um eine neue Stelle beworben. Ich bin nachts wach gelegen und habe aus Angst nicht geschlafen. – Am nächsten Tag habe ich beschlossen, ein Motivationstraining zu machen. Ich habe mich angemeldet und bin sofort zum Kurs gegangen. – Ich habe in der Gruppe meditiert, Entspannungsübungen gemacht. Und ich habe mich mit der Trainerin unterhalten. – Sie hat mich nach meinen Ängsten gefragt und mir Tipps gegeben. – Nach dem Kurs habe ich mich stark genug für einen Neuanfang gefühlt. Am nächsten Tag bin ich zum Bewerbungsgespräch gegangen und habe den Job bekommen!

6 Tempusformen: Perfekt

Treue Begleiter

1. *Bernd, 30:* hat – bin – habe – habe – sind – ist – habe – habe
Christiane, 33: habe – habe – haben – habe – habe – habe – ist – habe
Doris, 46: habe – habe – haben – habe – sind – hat – habe – hat

2. *Bernd* hat es unter der Decke mit der Taschenlampe gelesen. Er hat vom Indianerleben geträumt. Er hat das Buch sehr gemocht. – *Christina* hat mit 15 die erste Fotokamera gekriegt. Sie hat in der Schule viel fotografiert. Es hat viel Spaß gemacht. In den Ferien ist sie viel gereist und gewandert. Sie hat die Kamera immer mitgenommen. Vor zwei Jahren hat sie eine neue Digitalkamera gekauft. Die alte Kamera hat sie behalten.

4. *Sabine, 32:* habe betreten – habe weggeworfen – habe behalten – gepasst haben – bin gestanden – habe gemacht
Franziska, 21: habe bekommen – hat gebracht – habe vergessen – habe geschrieben
Veronika, 35: hat gekauft und getragen – habe gefühlt – ist gewachsen
Robert, 67: habe bekommen – habe gehört – habe gedacht
Patrick, 46: habe bekommen – habe gemacht – habe getragen – hat geholfen – bin geworden

7 Tempusformen: Futur I

Was bringt die Zukunft?

1. *Chris:* wird – wird – werde – werde – werden
Manuela: werde – werde – werden – werden – werde
Benjamin: wird – wird – werde – werden – werde – wird

2. *Philipp* wird dann studieren und Erfahrungen sammeln / wird nach Berlin oder nach Frankfurt ziehen / wird vielleicht eine eigene Firma gründen / wird weite Reisen in ferne Länder machen. – *Edith* wird irgendwo im Ausland leben / wird sich ein schönes Haus am Strand bauen / wird die gemeinsame Zeit mit dem Partner genießen / wird viel ausgehen und neue Leute treffen / wird abends gemütlich auf der Terrasse sitzen und ein Buch lesen. – *Wolfgang* wird alle Geschäfte und das Hotel den Kindern übergeben / wird hoffentlich noch fit und aktiv sein / wird vielleicht nach Griechenland gehen / wird dort eine kleine Pension aufmachen und seine Ruhe genießen

4. Ich halte es für möglich / ziemlich realistisch, dass das nächste Jahr für mich ein glückliches und erfolgreiches Jahr sein wird / dass ich meine beruflichen Ziele erreichen werde / dass ich interessante Menschen kennen lernen werde / dass es zu einer Verbesserung der sozialen und beruflichen Situation kommen wird / dass ich anfangen werde, mich für die Umwelt zu engagieren
Ich halte es für (ziemlich) unwahrscheinlich / (absolut) unrealistisch, dass ein neuer Kontakt mein Leben komplett verändern wird / dass ich weniger arbeiten werde und viel mehr Freizeit haben werde / dass ich zum Jahresende umziehen oder den Job wechseln werde / dass eine neue Partnerschaft mir zuwinken wird / dass mein Interesse an der Esoterik wachsen wird

5. Werde ich genug Geld verdienen / ein gutes Einkommen haben? – Wird es soziale Sicherheit (für mich und meine Familie) geben? – Werde ich gesund sein? – Werde ich Spaß im Beruf und im Leben haben? – Werde ich Karriere machen? – Werde ich einen Partner finden und glücklich werden? – Werde ich eine Familie gründen und Kinder bekommen? – Werde ich gute Freunde und Kollegen finden? – Wird es Wohlstand und Frieden geben? – Werden unsere Kinder noch eine intakte Umwelt erleben?

8 Tempusformen: Präteritum

Geschichten, die das Leben spielt

1. *Milena, 18:* war – saß – vorbeiging – dachte – stand – sah an – signalisierte – tippte – drückte – sagte – war – fand statt – war
Fabian, 21: fiel auf – unternahm – war – dachte – wollte – hing – bekam – stammte – rief an – war – trafen – war

2. blieb – wollte – ließ – dachte – war – hatte – sprühte – rieb – trug – bewegte – wusste – sollte – kam – sagte – sah – merkte – war – stand – war – sagte – ging – steckte – passte

3. Dienstagmorgen: Ich wollte mit meiner Freundin Nicole auf ihrem Moped zur Schule fahren, musste daher besonders pünktlich sein. Das Telefon riss mich aus dem Schlaf. Eine Stimme fragte … Es war Nicole. Sie wartete seit 15 Minuten vor dem Haus auf mich und war ziemlich sauer. Ich sprang aus dem Bett und zog mich an. Dann rannte ich aus der Wohnung. Nicole wartete schon vor der Tür. Wir beide stiegen auf das Moped. Nicole trat aufs Gaspedal und fuhr mit Tempo 60 durch unseren kleinen Ort. Als ich gucken wollte, wie viel Zeit uns noch blieb, bemerkte ich, dass es auf meiner Uhr erst 6.45 war. Also ging sie mal wieder nach. Wir fuhren am Rathaus vorbei. Ich sah auf die große Rathausuhr. Die zeigte ebenfalls 6.45. In zehn Minuten erreichten wir den Schulhof. Doch der war komplett leer. Komisch, dachte ich.

5. … als sie sah, wie ein hübsches dunkelhaariges Mädchen mit der Rolltreppe hinauffuhr. Sie träumte anscheinend vor sich hin und verpasste den Moment, vom Rollband zu hüpfen. Ihr Rock verfing sich in der Treppe. Das Mädchen versuchte, am Rock zu ziehen, aber es half nichts. Der Rock rutschte immer tiefer unter die Rolltreppe. Die Zeugin sah, dass das Mädchen in Panik geriet. Die anderen Kunden bemerkten das Missgeschick nicht. In dem Moment war der Zeugin klar, dass ein Unfall passieren konnte. Also lief sie zu der Rolltreppe und rempelte dabei einige

Kunden an, die sich verärgert nach ihr umdrehten. Endlich erreichte sie die Rolltreppe und drückte auf den Notknopf. Das Band kam endlich zum Stehen und das Mädchen konnte sich befreien. Nur der Rock war total kaputt.

9 Imperativ

Tricks gegen die Bequemlichkeit

1. Teilen Sie sich die Zeit realistisch ein! – Denken Sie positiv! – Setzen sie erst ein Ziel um, dann das nächste! – Fangen Sie unbedingt klein an! – Steigern Sie langsam Ihre Ziele! – Finden Sie Ihren eigenen Rhythmus! – Bitten Sie Freunde um Unterstützung! – Machen Sie keine Ausnahmen von der Regel! – Belohnen Sie sich öfter selbst!

2. Sucht Trainingspartner! – Nehmt an Sportveranstaltungen teil! – Führt ein Trainingstagebuch! – Sprecht öfter über Erfolge! – Gebt nicht gleich auf, wenn es nicht optimal läuft! – Übertreibt das Training nicht! – Macht genügend Pausen! – Geht auch bei Regen hinaus! – Glaubt an die eigenen Stärken! – Fragt Freunde, ob sie nicht mitmachen wollen! – Sagt öfter: „Wir schaffen es!"

3. Trinken Sie grünen Tee, denn er macht wach! – Essen Sie Joghurt und Obst, denn sie machen fit. – Bewegen Sie sich! – Gehen Sie öfter an die frische Luft! – Machen Sie Pausen, denn das ist wichtig! – Lächeln Sie!

4. Unternimm sofort etwas, damit es dir wieder besser geht! – Sprich mit deinem Chef und frage ihn, was er von dir erwartet! – Rede mit deinen Kollegen! – Versuche, neue Kontakte zu knüpfen und Freunde in der Arbeit zu finden!

5. Liebe *Kerstin*, iss Obst und Gemüse, beweg dich öfter, geh raus an die frische Lust. Suche nicht nach Ausreden, setze deine Ideen um, tu etwas! – Lieber *Bernd*, hab keine Angst Fehler zu machen, stärke dein Selbstwertgefühl, geh zu einem Yogakurs oder meditiere. Fürchte dich nicht vor deinem Chef. Werde selbstsicherer.

10 Modalverben: Präsens

Gute Schulen – ein Traum?

1. Eine gute Schule muss Wissen vermitteln. – Sie soll keine Angst machen. – Schüler können stressfrei lernen. – Sie müssen sich wohl fühlen. – Lehrer müssen alle Schüler individuell fördern. – Sie sollen Kontakt zu den Eltern suchen. – Lehrer müssen ihre Schüler gut kennen. – Und sie dürfen nicht zu bürokratisch sein. – Eltern sollen am Schulleben teilnehmen. – Die Stimmung muss locker und freundlich sein

2. *Benjamin, 16:* muss/soll – dürfen – sollen – müssen – soll – kann
Juliana, 21: können – soll
Bettina, 27: muss – können
Oliver, 18: wollen – wollen – kann – will
Jette, 8: müssen – können

3. *Marlene, 51:* soll – sollen – muss – soll – sollen – dürfen/sollen – können – soll – soll – sollen – kann – sollen
Helge, 32: darf – will – soll – sollen – müssen/sollen – darf – soll – will

4. Wir wollen Spaß und Freude am Schulleben haben. – Wir müssen aufeinander Rücksicht nehmen. – Wir müssen einander helfen. – Und wir müssen pünktlich und ordentlich sein. – Wir müssen höflich sein und einander grüßen. – Und wir müssen Handys während des Unterrichts abschalten. – Wir müssen die Hand heben, wenn wir uns melden. – Wir können in den Pausen Ball spielen. – Und Schüler/innen der Klassen 11, 12 und 13 können in den Pausen die Schule verlassen. – Man darf während des Unterrichts weder essen noch trinken noch Kaugummi kauen. – Man darf auf den Gängen und Treppen nicht rennen. – Man darf keine elektronischen Spiele mitbringen. – Schüler/innen der Klassenstufen 5 bis 10 dürfen die Schule nicht verlassen. – Man darf nicht rauchen und man darf nicht über andere lachen. – Wir müssen am Unterricht teilnehmen. – Und wir müssen in den Pausen in den Schulhof gehen.

11 Modalverben: Präsens

Frauen und Männer aus dem Katalog

1. *Dirk, 29:* wollen – wollen
Kerstin, 15: kann – kann – kann
Irene, 21: muss – muss – will – muss
Pierre, 38: muss – muss – muss – darf
Anna, 20: will – kann – wollen

2. Als Model muss man Ausdauer und Geduld haben. – Man muss toll aussehen. – Die jungen Frauen müssen über Mode Bescheid wissen. – Sie müssen auf ihre Figur aufpassen. – Aber sie dürfen nicht zickig sein. – Die jungen Männer können viel reisen. – Sie dürfen nicht zu viel Süßes oder Fettes essen.

3. Sie muss Kleidergröße 36/38 haben. Außerdem muss ein Fotomodell persönliche Ausstrahlung, schöne Haare, schöne Zähne, schöne Haut haben. Und als Fotomodell darf man nicht jünger als 18 Jahre sein.
Jedes Fotomodell will bekannt werden, berühmte Leute kennenlernen. Und natürlich wollen junge Frauen und Männer auch viel Geld verdienen und eine tolle Karriere machen.
Als Fotomodell kann man die ganze Welt bereisen. Und man kann schicke Kleider, Schuhe, Schmuck tragen.
Man soll aber möglichst nett, diszipliniert, pünktlich, gesund, kommunikativ sein. Und man darf auf keinen Fall eitel, launisch, überheblich, faul sein.

4. kann – muss – soll – soll – muss – darf – kann – darf – muss – muss – kann – muss – sollen – können

12 Modalverben: Präsens

Wohnen und leben

1. *Peter* möchte in Spanien in einem Haus mit Terrasse wohnen. Dort kann er mehr Freizeit haben, in der Sonne liegen und braun werden, einen Tauchkurs machen, später als Tauchlehrer arbeiten. Und er muss keinen Anzug mehr tragen. – *Christina* möchte in einer Höhle in den Bergen wohnen. Dort kann sie die Natur erleben, Ruhe genießen, sich einfach wohl fühlen, lesen und Romane schreiben, laute Musik machen. Und sie muss keine Rücksicht auf die Nachbarn nehmen. – *Claudia* möchte in einer Palmenhütte auf einer Insel in der Karibik wohnen. Dort kann sie im Meer baden, barfuß laufen, Blumen pflücken, Muscheln sammeln. Und sie muss kein Telefon haben und keine hochhackigen Schuhe tragen.

3. *Andreas, 23:* kann – muss – kann – will – muss – muss
Bettina, 27: will – kann – muss
Norbert, 19: will – will – kann
Wolfgang, 31: können – kann

4. Kinder dürfen draußen toben und im Hof spielen. – Sie dürfen Freunde und Freundinnen mitbringen. – Erwachsene müssen tolerant sein. – Und sie müssen Rücksicht auf Kinder nehmen. – Erwachsene dürfen Hunde nicht im Hof ausführen. – Und sie können Feste feiern bis Mitternacht und im Garten grillen. – Die Vermieter dürfen Familien mit Kindern nicht kündigen. – Autos dürfen nicht Gehwege mit Autos zuparken. – Sie müssen im Hof Schritttempo fahren.

13 Infinitiv mit „zu"

Man soll die Feste feiern …

1. Feiertage sind für mich eine Möglichkeit, Freunde oder Verwandte einzuladen. – Es macht mir Spaß, Freunde oder die Familie zu besuchen. – Ich finde es schön, endlich ausschlafen zu können. – Und es ist super, nicht zur Arbeit gehen zu müssen. – Es ist toll, an Feiertagen etwas Besonderes zu unternehmen. – Ich finde es schön, einen langen Spaziergang machen zu können. – An Feiertagen ist es herrlich, einfach zu faulenzen.

2. Es ist wichtig, mit anderen zu kommunizieren / auf die Bedürfnisse der anderen einzugehen / Kompromisse zu schließen / Interesse an anderen zu zeigen / sich für eine Weile zurückzuziehen / es nicht allen recht machen zu wollen / ehrlich zu bleiben, sich und anderen nichts vorzumachen / eigene Erwartungen zurückzuschrauben / sich eine Pause zu gönnen / auch mal an sich zu denken / etwas für sich selbst zu tun.

3. Ein guter Gastgeber / Eine gute Gastgeberin fordert die Gäste dazu auf, sich selbst zu bedienen. Er / Sie ist bereit, den schüchternen Gästen zu helfen / versucht nicht, das Tischgespräch an sich zu reißen / gibt sich Mühe, im Hintergrund zu bleiben / achtet darauf, nicht zu viel Alkohol zu trinken / bemüht sich, alle Gäste gleich freundlich zu behandeln.

4. Es ist üblich, sich zu entschuldigen, wenn man zu spät kommt. – Es ist üblich, das Essen zu loben. – Es ist nicht üblich, unangemeldet zu kommen. – Es ist nicht üblich, das Nachfüllen von Gläsern abzuwehren. – Es ist normal, etwas zu essen mitzubringen. – Es ist normal, Wein zum Essen zu trinken. – Es ist ausgeschlossen, ohne Erlaubnis Freunde mitzubringen. – Es ist ausgeschlossen, im Jogginganzug zu erscheinen. – Es ist sehr unhöflich, geräuschvoll zu essen, zu schlürfen und zu schmatzen. – Es ist höflich, den Gastgebern ein kleines Geschenk mitzubringen und den Teller leer zu essen, auch wenn es nicht schmeckt. – Es ist höflich, Blumen mitzubringen und auf die Gastgeber anzustoßen.

6. anzusprechen – zu ergreifen – bekannt zu machen – zu machen – zu beginnen – zu sagen – zu äußern – zu kommen – zu stellen

14 Infinitiv mit „zu"

Sich streiten und versöhnen

1. Ich rate/empfehle dir, keine Vorwürfe zu machen, Pauschalurteile zu vermeiden, den Grund des Streits nicht zu vergessen. – Ich schlage dir vor, beim Thema zu bleiben, Vergangenes nicht aufzuwärmen, den Partner ausreden zu lassen. – Vergiss nicht, dem anderen gut zuzuhören, trotz Streit Interesse für den anderen zu zeigen. – Versuch doch, nicht ironisch zu werden, die Gefühle einzugestehen, rechtzeitig aufzuhören.

2. Beim Streiten ist es wichtig, sich dem Problem zu stellen / seinen Standpunkt klarzustellen / seinen Ärger gleich auszusprechen / größere Probleme aufs Wochenende zu verschieben / vorher zu überlegen, was man sagen will / immer Blickkontakt zu halten / nicht vor dem Schlafengehen, im Auto oder beim Essen zu streiten / im Auge zu behalten, was positiv an der Beziehung ist / keinen Schuldigen und keinen Sieger zu suchen / gemeinsam nach Lösungen zu suchen.

3. Es ist nicht richtig, Ihren Partner nicht zu Wort kommen zu lassen / dem Partner nicht zuzuhören. – Es ist nicht in Ordnung, in der Vergangenheit zu wühlen. – Es ist verboten, „vor Publikum" zu streiten. – Es ist völlig falsch, dem Partner die Schuld für den Streit zu geben / die Wörter „immer" und „nie" oft zu verwenden.

4. *Anna, 43:* sagen – zu erklären – zusammenzufassen – aneinander vorbeizureden
Verena, 31: zu sagen – zu werden – zu bleiben – eskalieren
Bernd, 24: abzubrechen – zu vertagen – zu streiten – zu kehren

15 Infinitiv mit „zu"

Leben mit Musik

1. *Alexa, 18:* zu singen – machen – vorstellen – zu nehmen – zu üben – reisen – studieren – zu bewerben – zu gehen – verdienen zu können – zu stehen – zu arbeiten – zu stehen – zu sorgen – auflegen zu dürfen – zu produzieren – zu arbeiten – verwirklichen zu können – zu produzieren – zu landen – zu lesen – hineinversetzen – zu werden

2. Musik bedeutet für mich, den alltäglichen Problemen zu entkommen / beim Hören meine Freude an der Musik mit anderen zu teilen / meinen Gefühlen freien Lauf lassen zu können / auf diese Weise das Leben zu genießen / meine Gefühle und Emotionen ausdrücken zu können / zur Ruhe zu kommen / mir Zeit zu nehmen / mein Lebensgefühl zum Ausdruck bringen zu können.

3. Es ist ihnen wichtig, überall ihre eigene Musik dabeizuhaben. Doch viele Jugendliche neigen dazu, ihre Musik mit maximaler Lautstärke zu genießen. Dagegen appellieren Ärzte an die jungen Leute, ihre MP3-Player nicht voll aufzudrehen. Denn die Gefahr ist groß, dabei die Ohren nach und nach zu schädigen. Deswegen fordern die Ärzte, in Diskotheken und bei Konzerten den Dauerschallpegel auf 95 Dezibel zu begrenzen. Für viele Jugendliche bedeutet Musikhören, sich zu entspannen und die alltäglichen Probleme hinter sich zu lassen. Es ist also sehr wichtig, dabei keine Schäden davonzutragen.

4. Für einen Star ist es von Vorteil, gut auszusehen. – Er soll versuchen, seinen eigenen Stil zu entwickeln. – Ein großer Musiker / Eine große Musikerin hat keine Angst zu experimentieren und etwas Neues zu probieren. – Er/Sie sucht immer eine Möglichkeit sich von anderen zu unterscheiden. – Wenn man ein Star werden will, soll man nie die Chance verpassen, mit der Presse zu sprechen. – Ein Musiker gibt sich Mühe, vom Publikum akzeptiert werden. – Dann kann er/sie den richtigen Stilmix schaffen. – Aber es ist notwendig, nach ersten Erfolgen am Ball zu bleiben und er/sie soll bereit sein, hohe Ansprüche an sich selbst zu stellen. – Ein Musikstar vergisst nicht, an der eigenen Perfektion zu arbeiten. – Denn es ist wichtig, auch bei schlechter Kritik cool zu bleiben. – Er soll immer Zeit finden, Autogramme zu schreiben. – Und natürlich darf ein Star nicht vergessen, Fanbriefe zu beantworten.

16 Vorgangspassiv: Präsens

Schnelles Essen

1. Dazu werden Pommes ... gezählt. – Immer neue Fastfood-Restaurants ... werden eröffnet. – Hier wird Fastfood ... konsumiert. – Beim Essen in einem Fastfood-Restaurant wird Zeit gespart. – Meistens wird ohne Besteck und Geschirr gegessen. – „Altmodische" Tischsitten werden nicht beachtet. – Von Jugendlichen wird die ungezwungene Atmosphäre ... geschätzt. – Immer öfter wird einfach gegessen, was schmeckt ... – Schon mit einem Hamburger wird die täglich empfohlene Fettdosis überschritten. Vitamine ... werden dabei vergessen.

2. *Ina, 27:* Sie werden einfach in den Backofen oder in die Mikrowelle geschoben. – Außerdem wird immer ein relativ großer Vorrat angeschafft und es muss nicht ständig nachgesehen werden, ... – In den Supermärkten wird eine ziemlich große Auswahl geboten. – Da wird nicht jedes Mal oder jeden Tag dasselbe gegessen. ... dass Fertiggerichte in kleinen Portionen angeboten werden.
Hannes, 35: ... wenn die Nahrung mit so vielen Zusatzstoffen künstlich angereichert wird. – Außerdem wird so ziemlich viel Müll produziert. – ... dem Liebsten wird doch nicht jeden Tag eine Dosensuppe serviert. – Das wird heutzutage oft vergessen.

3. Kleine Mahlzeiten ... werden über den Tag verteilt. – Es wird nicht nebenbei gegessen. – Das Essen wird in einer wirklichen Pause fern vom Schreibtisch genossen. – Fastfood wird durch Gemüse ... ergänzt. – Belegte Brote werden durch Salatblätter ... aufgewertet. – Auf das Essen an der Imbissbude ... wird verzichtet. – Durch mitgebrachte Snacks wird auch noch Geld gespart. – Mangelnde Konzentrationsfähigkeit wird durch Obst ... ausgeglichen.

4. *Pro:* Bei Fertiggerichten finde ich es gut, dass sie auf Vorrat gekauft werden / dass sie auch in kleinen Portionen verkauft werden / dass sie

leichter und genauer portioniert werden / dass durch sie eine größere Speisenauswahl ... ermöglicht wird / dass sie nicht gekocht, sondern nur aufgewärmt werden.
Contra: Aber mir gefällt nicht, dass viele Zusatzstoffe verwendet werden / dass auf Kochen und Kochkultur verzichtet wird / dass das Kochen von den Menschen verlernt wird / dass viel Abfall produziert wird / dass bei Fertigprodukten die Gefahren für die eigene Gesundheit ... unterschätzt werden.

17 Vorgangspassiv: Präsens

Wellness-Tipps aus aller Welt

1. Mit Zimt wird der Appetit angeregt. – Mit Lavendel wird die Haut beruhigt und entspannt. – Mit Birkenblättern wird der Körper belebt. – Mit Zitronenmelisse wird der Magen beruhigt. – Mit Johanniskraut werden leichte Depressionen geheilt. – Mit Lindenblüten wird das Fieber gesenkt. – Mit Stiefmütterchen wird der Husten gelindert.
2. 90 % der Muskulatur werden trainiert. – Die Kondition wird verbessert. – Beine und Oberkörper werden effektiv trainiert. – Das gesamte Wohlbefinden wird gefördert. – Die Abwehrkräfte werden aktiviert. – Die Verdauung wird reguliert. – Der Puls wird beschleunigt. – Der Kreislauf wird angekurbelt. – Die Haut wird gestrafft und mit Sauerstoff versorgt. – Der Körper wird jung gehalten. – Die Glücksgefühle werden durch Bewegung stimuliert.
3. Ihre Sinne werden durch feine Düfte verwöhnt. – Ihre Stimmung wird durch Meditation und Yoga aufgehellt. – Spannungen werden durch sanfte Massagen abgebaut. – Ihre Leistungsfähigkeit wird durch Fitnessübungen gesteigert
4. *Hamam:* Und nur hier werden Sie von einem „Badediener" mit einem groben Waschhandtuch abgerieben, eingeseift und massiert. – *Ayurveda:* Mit dieser Wellnessmethode wird Krankheiten vorgebeugt und die Lebensqualität wird verbessert. – *Minze:* Minze wird gegen Übelkeit und Krämpfe verwendet. Der sehr heiße Tee wird ... geschlürft. Durch die hohe Temperatur des heißen Getränks wird der Körper dazu gebracht, abzukühlen. Frischer gesüßter Minztee kann als gute Alternative zur Tasse Kaffee ... getrunken werden. Durch die Minze wird der Körper erfrischt und durch den Zucker wird er wach gemacht. – *Düfte:* Sie werden allein oder begleitend zu anderen Therapien eingesetzt. Mit Kamille wird die Haut, mit Lavendel wird die Seele beruhigt. Mit Zimt wird der Körper erwärmt, der Geist wird beruhigt und die Stimmung wird gehoben. Durch angenehme Düfte wird Stress abgebaut und Verspannungen werden gelöst.

18 Vorgangspassiv: Präsens

Kochen für alle

1. Eine Beziehung wird durch ein Candle-Light-Dinner gerettet. – Beim Kochen wird der Umgang mit Lebensmitteln neu gelernt. – Alte Rezepte werden neu entdeckt. – Durch neue Rezepte wird das Kochen leichter gemacht.
2. Vom Gastgeber / Von der Gastgeberin wird das Menü geplant, die Zutaten werden eingekauft und den Teilnehmern werden Aufgaben zugewiesen. – Die Kosten werden geteilt. – Anschließend wird gemeinsam gekocht. – In einer lockeren Atmosphäre werden so auch leicht neue Freundschaften geschlossen. – Aus dem Urlaub werden viele Ideen mitgebracht. – Typische Zutaten der einzelnen Landesküchen werden daheim durch ähnliche einheimische Produkte ausgetauscht. – Beim Kochen wird auch die Zeit zum Genießen eingeplant. – Bei Stress und Zeitdruck wird das gemeinsame Kochen am besten auf ruhigere Tage oder das Wochenende verschoben. – Kochen macht Spaß, auch das gesellige Zusammensein mit Freunden wird gefördert. – Man verbringt gemütliche Stunden miteinander und es wird über vieles geredet. – Beim Kochen wird vielleicht sogar das Klima innerhalb der Familie verbessert. – Und am Feierabend wird der Alltagsstress abgebaut.
3. Ich finde es gut, wenn nicht auf Vorrat eingekauft wird / wenn mit den Zutaten aus dem Kühlschrank improvisiert wird / wenn immer wieder die gleichen Gerichte gekocht und nicht experimentiert wird / wenn auch der Wok oder die Auflaufform benutzt werden/ wenn die Kochideen aus einem alten Kochbuch geholt werden / wenn nach den Rezepten von Mutter und Großmutter gekocht wird / wenn man durch die schönen Bilder in den Zeitschriften zum Kochen inspiriert wird / wenn frisch eingekauft oder improvisiert wird / wenn nach dem Lust-Prinzip gegessen wird.
Ich finde es nicht gut, wenn unter der Woche Fertiggerichte aus dem Tiefkühlfach gegessen werden / wenn selbst gemachte Gerichte eingefroren werden.
4. Auch die schwierigsten Kochtricks werden durch das ständige Training eingeübt. – Der Koch-Unterricht wird vom Kultusministerium an vielen Schulen wieder eingeführt. – Selbst Kochmuffel werden durch neue Kochsendungen zum Kochen animiert. – Kochen wird immer öfter von jungen Leuten zu einem Event gemacht. – Junge und alte Hobbyköche werden durch schön gemachte Kochbücher inspiriert. – Mithilfe guter Kochbücher werden von den angehenden Köchen und Köchinnen feinste Gerichte gezaubert. – Das so genannte Co-Cooking, Kochen mit Freunden, wird durch die Werbung angepriesen. – Durch das gemeinsame Kochen und Essen werden auch Freundschaften geschlossen. – Die hohe Schule der Kochkunst wird von den prominenten Starköchen vermittelt.

19 Vorgangspassiv: Präteritum

Umweltschutz = Menschenschutz

1. Die Atmosphäre wurde verschmutzt. – Die Luft wurde vergiftet. – Große Teile der Tier- und Pflanzenwelt wurden ausgerottet. – Die Regenwälder wurden gerodet. – Die empfindlichen Ökosysteme wurden gestört. – Meere und Flüsse wurden durch Chemikalien belastet. – Die natürlichen Ressourcen wurden ausgebeutet. – Das Grundwasser wurde in manchen Regionen vergiftet. – Viele Landschaften wurden verbaut.
2. *Pro:* Ich finde es gut, dass Umweltprobleme analysiert wurden / dass nach Lösungswegen gesucht wurde / dass das Umweltbewusstsein gefördert wurde / dass schonende Technologien entwickelt wurden / dass Sonnen- oder Windenergie verstärkt einsetzt wurden / dass immer mehr Recycling-Papier und Mehrwegflaschen benutzt wurden / dass Menschen über Umweltprobleme informiert wurden / dass internationale Abkommen zum Umweltschutz unterzeichnet wurden. – *Contra:* Aber ich finde es schlimm, dass viele Flüsse und Bäche verschmutzt wurden / dass uralte Bäume gefällt wurden / dass so viel Müll produziert wurde / dass die Schadstoffbelastung der Luft erhöht wurde / dass die Lebensräume vieler Tiere zerstört wurden / dass viele Teiche und Seen leer gefischt wurden / dass das Grundwasser durch Düngemittel vergiftet wurde.
4. Die Wasserversorgung in vielen Ländern Afrikas und Asiens wurde verbessert. – In den letzten Jahren wurden die Maßnahmen zum Wasserschutz verstärkt. – Die Wasserqualität wurde geprüft und überwacht. – Moderne Kläranlagen wurden gebaut. – Viele Milliarden US-Dollar wurden in die Versorgung der Menschen mit Wasser investiert. – Die Menschen wurden zu einem sparsamen Umgang mit Wasser aufgerufen. – Mit vielen Aktionen wurden die Menschen auf das Problem Wasserschutz aufmerksam gemacht. – Diese Aktionen wurden in vielen Ländern durchgeführt. – Workshops, Ausstellungen und Konferenzen wurden organisiert. – Die Menschen wurden aufgefordert, Wasser zu sparen.

5. Also wurden sie ausgebaut. Staustufen wurden geschaffen, um den Wasserpegel konstant zu halten. Die Ufer wurden befestigt. Die Flüsse wurden in ein enges Korsett gezwungen und so für große Schiffe zugänglich gemacht. Kanäle wurden gebaut, um die Flüsse und die Industrieregionen miteinander zu verbinden. Dadurch wurden natürliche Flusslandschaften zerstört und seltene Tierarten vertrieben. Milliarden wurden in den Flussausbau investiert.

20 Vorgangspassiv mit Modalverb
Urlaub zu Hause

1. Ein Sommertag kann am nahe gelegenen See verbracht werden. – Mit einem Besuch im Erlebnisschwimmbad kann für Urlaubsstimmung gesorgt werden. – Tropische Pflanzen und Tiere können im Zoo und Botanischen Garten erlebt werden. – Der Tag kann mit einem spannenden Roman versüßt werden. – In einem Restaurant können Spezialitäten aus anderen Ländern probiert werden.
2. Für den Urlaub zu Hause muss keine teure Reiseversicherung abgeschlossen / kein Hotelzimmer reserviert / keine neue Kleidung gekauft werden / müssen keine schweren Koffer geschleppt werden / keine Schutzimpfungen durchgeführt werden / muss kein Geld für die Reiseapotheke ausgegeben werden / müssen keine Urlaubskarten geschrieben / keine Souvenirs gekauft / keine teuren Museen besichtigt werden.
3. Die Zeit kann ohne Termindruck, ohne berufliche Pflichten genutzt werden. – Die Wohnung kann renoviert werden und die Terrasse kann mit Pflanzen dekoriert werden. – Beim Urlaub zu Hause können Geld und Energie gespart werden. – Schließlich muss kein teures Hotel bezahlt werden. – Es müssen keine Ansichtskarten geschrieben werden. – Es kann eine Fahrradtour gemacht oder eine Ausstellung besucht werden.
4. Es können gemütliche Strandstühle gekauft werden, auch ein Sonnenschirm kann aufgestellt werden. – Balkon oder Terrasse können schön dekoriert werden. – Es können exotische Blumen und mediterrane Kräuter gepflanzt werden. – Als Dekoration können Kübel mit Palmen aufgestellt werden. – Abends kann eine CD mit den Sommerhits aufgelegt werden. – Wenn Besuch kommt, können leckere Rezepte aus dem Traumurlaubsland gekocht werden. Und zu einer „Strand-Balkon-Party" müssen viele Freunde eingeladen und abends Cocktails gemixt werden.

21 Vorgangspassiv mit Modalverb
Hochbegabte: Sonntags- oder Sorgenkinder?

1. Sie sollen systematisch gefördert werden. – Die Begabung soll durch unterschiedliche Aktivitäten anregt werden. – Den Kindern sollen vielfältige Anregungen wie Reisen, Kinobesuche, Ausflüge geboten werden. – Die Kinder sollen in ihrem Streben nach Wissen unterstützt werden. – Die hochbegabten Kinder sollen intensiv beschäftigt werden. – Diese Kinder sollen nicht mit hohem Leistungsdruck überfordert werden.
2. Die Notwendigkeit von Fördermaßnahmen muss von den Wissenschaftlern begründet werden. – Begabte Kinder müssen von den Wissenschaftlern psychologisch getestet werden. – Besondere Schulprogramme für Hochbegabte müssen vom Kultusministerium entwickelt werden. – Schulen für Hochbegabte müssen vom Kultusministerium organisiert werden. – Klassen für Hochbegabte müssen vom Kultusministerium einrichtet werden. – Kompetente Lehrkräfte müssen vom Kultusministerium ausgebildet werden. – Gezielte Förderung von Hochbegabten muss von den Stiftungen finanziert werden. – Beratungsgespräche mit Eltern und Kindern müssen von Schulen durchgeführt werden. – Tipps zur Förderung müssen von Schulen gegeben werden. – Die begabten Kinder müssen von den Lehrern öfter aufgerufen und gelobt werden. – Die Begabten müssen von den Lehrern integriert werden. –Ein gutes Klassen- und Schulklima muss von den Lehrern aufrechterhalten werden. – Die Kinder müssen beim Lernen von den Eltern unterstützt werden. – Die soziale Kompetenz der Kinder muss von den Eltern entwickelt werden. – Kontakte zu Mitschülern müssen von den Eltern gefördert werden.
3. Besondere Klassen müssen für Hochbegabte eingerichtet werden. – Gymnasien mit erhöhten Anforderungen müssen eröffnet werden. – Extra-Aufgaben mit erhöhtem Schwierigkeitsgrad müssen gestellt werden. – Die Teilnahme am Unterricht höherer Klassen muss für hochbegabte Kinder erlaubt werden. – Aufgaben müssen an das Leistungsniveau der Kinder angepasst werden. – Der Unterricht für Hochbegabte muss differenziert werden. – Wahlfächer für höhere Klassen dürfen von hochbegabten Kindern besucht werden. – Langeweile im Unterricht muss durch vielfältige Anregungen verhindert werden. – Kurse am Nachmittag und am Wochenende müssen angeboten werden.
4. Die Hochbegabung kann meist schon in den ersten drei, vier Jahren bemerkt werden. – Diese Kinder sollen anders als die Gleichaltrigen behandelt werden. – Aber nicht immer kann Hochbegabung früh erkannt werden. – Bei einigen Kindern kann die hohe Intelligenz erst in bestimmten Problemsituationen erkannt werden.- Da muss auch etwas getan werden. – Die Kontakte des Kindes zu den anderen sollten unterstützt werden. – Vor allem körperlich müssen viele Hochbegabte gefördert werden. – Dem Kind sollte genügend intellektuelles „Futter" beschafft werden. – Viel Spielzeug und Material zum Basteln und Bauen muss besorgt werden.

22 Adjektiv: Deklination
Gute Bücher – schlechte Bücher

1. informative Sachbücher, keine klischeehaften Liebesromane – spannende Krimis, keine langweiligen Biografien – unterhaltsame Abenteuerbücher, keine trockenen Memoiren
3. *Roland, 61*: historische Romane – der bekannte Roman – ein umfangreiches, schwieriges Werk – faszinierende Dialoge – exakt beschriebene Charaktere – die damalige Zeit – guter Stoff – ein echtes Meisterwerk
Isabel, 31: einen inspirierenden Klassiker – einen spannenden Krimi – mein absolutes Lieblingsbuch – eine einfache, märchenhafte Geschichte – die gefährliche Reise – die philosophische Botschaft
Beate, 44: romantische Liebesromane – den bekanntesten Roman – eine traumhafte Geschichte – ein witziger Roman
Fritz, 27: die so genannten Fantasy-Bücher – die meisten deutschen Übersetzungen
4. ungewöhnliche Situationen – eine spannende Geschichte – ein überraschendes Ende – eine philosophische Problematik – praktisches Hintergrundwissen – historische Tatsachen – aktuelle Informationen – ein witziges Thema
5. ein tiefgründiger und faszinierender Klassiker – ein schönes und amüsantes Märchen – wunderbare, fantastische Superromane – purer Lesespaß, perfekt recherchierte Figuren und Charaktere – ein grandioses, vitales und ironisches Romandebüt
6. für ein regnerisches Wochenende: eine sentimentale Kurzgeschichte – für tägliche Wartezeiten: einen spannenden Krimi – für eine lange Fahrt zur Arbeit: einen unterhaltsamen Abenteuerroman – für gemütliche Abende: einen historischen Liebesroman – für einen traurigen Moment: einen witzigen Comic

23 Adjektiv: Deklination
Was ist wichtiger: Aussehen oder Charakter?

1. *Nina, 18:* guten – krumme – schlechte
Angelika, 28: tiefe – sanfte – nette
Sebastian, 41: sympathisches – guter – perfekte
Patricia, 19: angenehmen – schöne – hässliche – nettes
Matthias, 32: gutes – guter – Beste – gutes – dürres -geschminktes

2. Strahlende Augen, gepflegte Hände und lange Beine gefallen mir sehr gut. – Blondes lockiges Haar sieht gut aus. – Ein hübsches Gesicht, ein nettes Lächeln und eine sportliche Figur sehen gut aus. – Gepflegtes Aussehen und netter Charakter gefallen mir. – Eine nette Stimme und glatte Haut sind schön.

3. Ein arroganter und frecher Mensch ist meistens ein autoritärer und ungeduldiger Chef. – Ein schüchterner verträumter Mensch ist oft ein sensibler Partner. – Ein hilfsbereiter und kontaktfreudiger Mensch ist ein ehrlicher Freund. – Witzige und intelligente Menschen sind oft offene und fröhliche Partner. Lustige Menschen sind oft kreative Arbeitskollegen. – Tolerante, nachdenkliche Menschen sind oft treue Partner.

4. *Marianne* wünscht sich einen ehrlichen, treuen, tierlieben Mann. Er sollte südländisch aussehen und einen romantischen Charakter haben. – *Verena* wünscht sich einen pünktlichen und zuverlässigen Mann. – *Sina* wünscht sich einen klugen, lustigen, sportlichen Mann. Er sollte nicht zu groß sein und einen sanften Charakter haben. – *Jessica* wünscht sich einen zärtlichen, humorvollen Mann. Er sollte sexy und auf keinen Fall schüchtern oder langweilig sein. – *Dirk* wünscht sich eine nette, treue, humorvolle Frau. Sie sollte einfach nur süß sein. – *Kevin* wünscht sich eine ehrliche, romantische, verständnisvolle Frau. Hübsches Aussehen findet er sehr wichtig. – *Phillip* wünscht sich eine spontane, intelligente, fantasievolle Frau. Gepflegtes Aussehen ist auch wichtig.

24 Adjektiv: Deklination
Topfilme gesucht

1. Mir gefallen Filme mit starker Besetzung und hervorragenden Effekten – mit poetischen Bildern und vor traumhafter Kulisse – zu ernsten Themen und von bekannten Regisseuren – mit genialer Musik und hervorragenden Effekten

2. *Andrea, 58:* mit verträumtem Charme und differenziertem Spiel – mit ihrer ungewöhnlichen Stimme und der einzigartigen Atmosphäre
Verena, 25: zu den zärtlichsten und intelligentesten romantischen Komödien – durch bezaubernde Stimmungen, strahlende Romantik, bissige Dialoge – teuflische Klugheit
Teresa, 35: eine hübsche Liebesgeschichte mit einer starken Besetzung – liebenswerten Charakteren und wunderschönen, bezaubernden Bildern
Christian, 41: ein großartiger Schauspieler und ein glänzender Regisseur, sein letzter Film – ein beeindruckendes Werk – von einem schwierigen Weg – zum großen Erfolg – unter der hervorragenden Regie – mit einer absoluten Glanzleistung – brillantes Kino

4. ein Mix aus spannender Geschichte und düsterem Geheimnis – aus fantasievoller Romanze und feinem Humor – aus speziellen Effekten und starker Dramatik – aus genialen Tricks und toller Action

5. *Indiana Jones:* herrlicher Film – pure Unterhaltung – *Zurück in die Zukunft:* absolut genialer Film – fesselnde Story – lustige Special Effects – spitzenmäßige Darsteller – unvergessliche Musik – schräge und einfach großartige Schauspieler – *Pretty Woman:* ein amüsantes und gefühlvolles Hollywood-Märchen – die wunderschöne Julia Roberts – der charmante und unwiderstehliche Richard Gere – ein super gemachter Klassiker – die herrliche romantische Musik

25 Adjektiv: Deklination
Lebensträume

1. *Hannes, 25:* kleiner – verstimmten – alte – größter – eigene – bekannten – erstes eigenes
Sigrid, 43: eigenes – komischen – freien – kleinen – geliebter – verrückten – glückliche und stolze
Ulrike, 33: ausgefallene – kleinen – eigener – großes – wenige gute – seltenen – schweren – eigenen
Stefanie, 51: zahlreiche – faszinierende – berühmte – tolle – vielfältige – ganzes – beste
Wolfgang, 44: modernen – weiten – wunderbare – unbeschreibliche – gehegten

3. *Bernd* träumt seit langem von seiner eigenen Ausstellung mit Vernissage. Er wünscht sich einen tollen Empfang, viele bekannte Künstler, begeisterte Artikel in der Presse. – *Roberta* träumt von einer echten Harley Davidson. Sie wünscht sich eine endlos lange Straße, sanfte Kurven, tolle Landschaften und dazu das unvergessliche Gefühl von Freiheit und Abenteuer. – *Holger* träumt von einem kleinen Bioladen, von vielen netten Kunden. Er wünscht sich innere Ausgeglichenheit, das sichere Gefühl, im Einklang mit der Natur zu leben ... – *Brigitte* träumt von einem Sabbatjahr, einer einjährigen Pause vom stressigen Beruf. Sie wünscht sich eine Reise um die Welt und eine stabile Gesundheit.

4. Besser ein langes lustiges Leben ohne lästige Sorgen als ein kurzes Leben mit einem schweren Sack voller Probleme. – Besser ein unternehmungslustiger Partner mit einem charmanten Lächeln als ein totaler Langweiler mit einem dicken Bankkonto. – Besser ein interessanter Job mit einem guten Gehalt als eine langweilige schlecht bezahlte Arbeit ohne große Perspektiven. – Besser ein langer Urlaub auf einer malerischen Insel als ein langweiliges Wochenende in der eigenen nicht aufgeräumten Wohnung. – Besser ein schicker Sportwagen mit einem starken Motor als ein kleiner alter Fiat Panda mit 50 PS und Rostflecken.

26 Adjektiv: Deklination
Lieblingsorte

1. *Florian, 36:* absoluter – Englische – gemütlichen – Englischen – warme
Brigitte, 52: altes – einladender – vielen
Adrian, 29: speziellen – gemütliche – runden – gebackenen
Manfred, 63: schmaler – wichtigen
Jennifer, 32: zahlreichen – ideale – kleine – gemütliche – besten
Tina, 18: schönes – breites – bunte – roten – blauen

2. Der ideale Ort ist für mich meine sonnige Terrasse mit der fantastischen Aussicht / meine schicke Wohnung an einer ruhigen Straße / mein kleines Haus mit dem großen Garten / ein gemütliches Café in einem wunderschönen Park / ein schattiger Garten an einem kleinen Fluss / ein malerischer See neben einem kleinen Dorf / eine blühende Wiese in einem großen Park / ein schmaler Waldweg neben einer wunderschönen Wiese

3. Eine sehr ruhige, familienfreundliche 5-Zimmer-Wohnung mit großzügigen und hellen Räumen, mit einer weißen, modern ausgestatteten Küche, mit Balkon und Garten. In der Nähe gibt es einen Kindergarten und eine Schule. Eine sehr gute Parkplatzsituation. – Eine zentrale, trotzdem ruhige, komplett renovierte 2-Zimmer-Wohnung in der 3. Etage mit einer schönen und hellen Wohnküche. – Eine exklusive sonnige, sehr gut geschnittene möblierte 2-Zimmer-Wohnung, im 4. Stock mit einem sehr großen Balkon und einer schönen Aussicht.

5. fantastische – üblichen – zahlreiche – alten – gemütlichen – bunten – modernen – hässlichen – engen – kleines – Frischer – leise – netten – besondere – riesigen – wirren – nettes – interessante – tolle – großzügige

27 Adjektiv: Steigerung
Es lebe das Landleben!

1. *Franziska, 33:* freier – unabhängiger – weniger
Christian, 23: langweiliger – monotoner – weniger – mehr
Sabine, 41: besser – fitter
Robert, 56: geborgener – freundlicher – öfter

2. Die Lebensqualität auf dem Land ist höher. – Die Wohnverhältnisse in der Stadt sind besser. – Die Wohnungen und Häuser auf dem Land sind günstiger. – Die Anfahrtszeit zur Arbeit ist in der Stadt länger. – Die Mieten auf dem Land sind niedriger. – Die Einkaufsmöglichkeiten in der Stadt sind besser. – Die kulturellen und sportlichen Angebote in der Stadt sind näher. – Der Verkehr auf dem Land ist geringer. – Die Natur auf dem Land ist schöner. – Die medizinische Versorgung auf dem Land ist schlechter. – Die Gefahren für die Kinder sind in der Stadt größer. – Die Menschen auf dem Land sind ruhiger. – Schwimmbäder, Tennisplätze, Kinos sind auf dem Land seltener. – Die Stimmung auf dem Land ist freundlicher. – Die Luft auf dem Land ist sauberer.

3. Landkinder gehen häufiger zu Nachbarn / haben mehr Sozialkontakte / sind selbstständiger / sind kreativer und fantasievoller / können sich besser konzentrieren / sind mehr an der frischen Luft / haben mehr Bezug zur Natur und zu den Jahreszeiten.

4. Meiner Meinung nach kann man sich auf dem Land besser entspannen / kann man in der Stadt besser ausgehen / gehen die Menschen in der Stadt öfter ins Kino oder ins Theater / werden die Menschen auf dem Land seltener krank / sind Kontakte zwischen Nachbarn auf dem Land enger und herzlicher / findet man in der Stadt schneller Freunde und Bekannte.

5. Nürnberg ist viel größer als Siegsdorf. Auch die Einwohnerzahl ist höher. Die Wirtschaft und der Verkehr in Nürnberg sind stärker entwickelt als in Siegsdorf. Es gibt hier mehr Freizeitmöglichkeiten. Man kann öfter ins Museum gehen. – Siegsdorf ist ein kleinerer Ort. Es gibt dort weniger Sehenswürdigkeiten und der Fremdenverkehr ist schlechter entwickelt.

28 Adjektiv: Steigerung
Typisch Mann, typisch Frau

1. *Bernd, 33:* besser – sicherer – mehr
Matthias, 19: länger – früher – höher – mehr – ungesünder
Ilona, 37: öfter – länger – weniger – unordentlicher
Martina, 27: besser – mehr – sparsamer – weniger – preiswerter

2. Ich glaube, Männer können besser kochen. – Ich glaube, Männer gehen lieber essen. – Ich glaube, Frauen treffen sich öfter mit Freunden/Freundinnen. – Ich glaube, Männer verbringen mehr Zeit vor dem Fernseher. – Ich glaube, Frauen sind sparsamer. – Ich glaube, Männer machen häufiger Karriere. – Ich glaube, Frauen haben es schwerer im Job. – Ich glaube, Frauen gehen besser mit Kindern um.

4. Ich meine, Frauen sind offener als Männer. – Ich glaube, Männer sind viel eitler als Frauen. – Meiner Meinung nach sind Frauen aktiver als Männer. – Ich glaube, Männer sind oft pünktlicher als Frauen. – Meiner Meinung nach sind Frauen viel charmanter als Männer.

5. Frauen achten mehr auf ihre Gesundheit. – Männer beschäftigen sich mehr mit Autos. – Frauen reisen öfter. – Männer basteln öfter zu Hause. – Frauen lesen mehr Bücher. -Männer interessieren sich mehr für Wissenschaft. – Frauen gärtnern lieber. – Männer machen lieber Sport. – Frauen interessieren sich öfter für Mode. – Männer interessieren sich öfter für Kapitalanlagen.

29 Adjektiv: Steigerung
Andere Länder, andere Sitten

1. *Tom, 34:* freundlichere – direktere – kürzeren – längere
Annie, 27: größeren – schönere – schlankere – besten
Rubén, 24: lebendigere – mehr – leidenschaftlichere – bessere
Lucia, 42: weniger – größere

2. Die Deutschen haben oft eine höhere Bildung. – Die Franzosen besitzen eine feinere Kochkultur. – Die Amerikaner haben meistens einen besseren Geschäftssinn. – Die Kubaner besitzen eine stärkere Lebensfreude. – Die Chinesen haben eine kompliziertere Sprache.

4. In Indien gibt es buntere und lautere Märkte. – In Thailand gibt es schärferes Essen. – In Frankreich gibt es ein größeres Interesse an Mode. – In Italien gibt es eine ausgeprägtere Körpersprache. – In Brasilien gibt es engeren Kontakt zur Familie. – In kleinen Ländern gibt es ein stärkeres Heimatgefühl.

5. *Stefan, 42:* meisten – bescheidensten – hektischsten
Elisabeth, 39: schönsten – größte – älteste – meisten – beste – größte – wärmste – beliebteste
Jochen, 56: größte – spektakulärste – grandioseste
Judith, 29: älteste – höchsten – zweitgrößte – klarste

30 Adjektiv: Steigerung
Früher war alles besser!

1. *Erika, 60:* ruhigeres – leichter – anstrengender – längere
Michael, 54: schneller – hektischer – bessere
Robert, 51: jünger – kleinere – stärkeren
Susanne, 35: weniger – geringeres – schlechtere – schlechtere
Markus, 69: früheren – höhere – niedrigere – kleinere – zufriedener

2. Früher hatten Menschen eine schlechtere Allgemeinbildung / niedrigere Ansprüche / innigere Beziehungen innerhalb der Familie. – Und es gab eine niedrigere Lebenserwartung / härtere Arbeitsbedingungen / schlechtere Wohnverhältnisse / eine niedrigere Arbeitslosenzahl / bessere Umwelt / kleinere Preise / eine größere Sicherheit / einen niedrigeren Konkurrenzdruck

3. Es stimmt, dass die Menschen heute mehr verdienen und sich mehr leisten können / dass die Lebensmittel nicht mehr so billig sind wie früher / dass die Benzinpreise heute nicht mehr so niedrig sind wie vor zehn Jahren / dass die Wohnverhältnisse heute nicht so schlecht sind wie früher / dass die modernen Haushaltsgeräte nicht so langsam, aber leider auch nicht so einfach zu bedienen sind wie früher / dass die Mieten leider nicht mehr so niedrig sind wie früher / dass der Arbeitstag heute nicht mehr so lang ist wie früher / dass Luft und Gewässer heute nicht mehr so sauber sind. – Aber es stimmt nicht, dass die Möbel nicht mehr so elegant sind / dass der Sommer in den letzten Jahren nicht so warm und sonnig war wie früher.

4. Gemüse war früher viel gesünder und schmackhafter. Heute gibt es Gen-Tomaten und Wasser-Gurken. – Autos waren früher stabiler, zuverlässiger, einfacher. Heute gibt es zu viel elektronischen Schnickschnack. – Der Kaffee war früher stärker und duftete besser. Heute ist er preiswerter. – Früher gab es niveauvolleres, intelligenteres Fernsehen. Heute gibt es nur Unterhaltung. Fernsehen macht dumm. – Politiker/innen waren ehrenwerter, glaubwürdiger. Heute sind sie oft machtlos. – In den Schulen gab es strengere Lehrer, mehr Fleiß und Disziplin. Die heutige Schule ist reine Wissensvermittlung und ziemlich antiautoritär. – Der Sommer war früher wärmer. Es gab öfter richtiges Badewetter. Heute sind die Sommermonate regnerischer und kälter. – Die Benzinpreise waren moderater, erschwinglicher. Heute sind sie extrem hoch, unverschämt. – Kino war romantischer, lebensnäher. Heute gibt es größeren Aufwand, die Filme sind teurer und weltfremder.

31 Nebensätze: Konditionalsatz
Eltern und Kinder

1. Kinder fühlen sich wohl, wenn in der Familie Demokratie herrscht und die Kinder mitbestimmen dürfen / wenn Eltern sich um die Kinder kümmern / wenn Eltern Rücksicht auf die Wünsche ihrer Kinder nehmen / wenn Eltern immer ein offenes Ohr für ihre Kinder haben / wenn Kinder und Erwachsene gemeinsame Interessen haben / wenn Eltern und Kinder einander respektieren / wenn alle Familienmitglieder liebevoll miteinander umgehen / wenn Eltern über kleine Fehler der Kinder hinwegsehen / wenn alle Familienmitglieder sich aufeinander verlassen können.
2. Wenn sich das Kind nicht an Regeln hält, müssen die Eltern mit dem Kind reden. – Wenn Das Kind aggressiv ist, müssen die Eltern das Kind beruhigen / dem Kind etwas Nettes sagen / ruhig bleiben. – Wenn das Kind überängstlich ist, müssen die Eltern sich mehr Zeit für das Kind nehmen / sein Selbstbewusstsein stärken / das Kind öfter loben / das Kind öfter motivieren / Kontakte des Kindes zu anderen Kindern fördern. – Wenn das Kind sich nicht allein beschäftigen kann, müssen die Eltern öfter mit dem Kind zusammen spielen / etwas gemeinsam unternehmen.
3. Ich finde es gut, wenn Kinder erzählen, was in der Schule los war und wenn Eltern sich für schulische Probleme der Kinder interessieren. – Ich finde es gut, wenn Kinder sagen, was sie machen und mit wem und wenn Eltern meist gut finden, was ihre Kinder tun. – Es ist nicht okay, wenn Kinder nicht genau sagen, wohin sie gehen und wenn Eltern Kinder vorwerfen, sie treiben sich herum. – Ich finde es gut, wenn Kinder ihren Freund / ihre Freundin mit nach Hause bringen und wenn Eltern Verständnis für die Wahl der Kinder haben. – Es ist nicht okay, wenn Kinder den Eltern nichts über ihre Freunde erzählen und wenn Eltern sich einmischen. – Ich finde es gut, wenn Kinder bei der Hausarbeit mitmachen und wenn Eltern nicht sehr viel verlangen. – Und es nicht okay, wenn Kinder zu Hause keinen Finger rühren und wenn die Eltern ihnen vorwerfen, dass die Kinder sie ausnutzen.
4. Wenn sie erst einmal da sind, die süßen Kleinen, dann überwiegt manchmal der Stress und nicht die Freude. Wenn Eltern „aus dem Bauch heraus" versuchen, das Richtige zu tun, so machen sie manchmal genau das Falsche.

32 Nebensätze: Konditionalsatz
Ärger mit den lieben Nachbarn

1. Es gibt Ärger mit den Nachbarn, wenn sie in der Nacht ein Bad nehmen / wenn sie nach 20 Uhr bohren und sägen / wenn sie bis nach Mitternacht mit lauter Musik feiern / wenn der Rasenmäher der Nachbarn angeschaltet wird, während Sie beim Essen sitzen / wenn sie mal wieder auf Ihrem Parkplatz parken / wenn sie sich ungefragt an den Ästen Ihres Apfelbaums bedienen, die über den Zaun hängen. – Und ich rege mich auf, wenn die Nachbarn die Eingangstür knallen / wenn jemand Klavier am frühen Sonntagmorgen übt / wenn die Nachbarn jeden Samstag und Sonntag grillen / wenn sie über alle Mitbewohner klatschen und tratschen / wenn die Nachbarn sich streiten und laut brüllen / wenn der Schäferhund der Nachbarn bei jedem Geräusch im Treppenhaus bellt.
3. Wenn man in eine neue Wohnung zieht, sollte man sich den Nachbarn vorstellen. – Für den Fall, dass man viel Besuch erwartet, sollte man den Nachbarn Bescheid sagen. – Wird es etwas lauter, sollte man sich entschuldigen. – Wenn die Nachbarn mit einer Sache unzufrieden sind, sollte man darüber reden. – Passt einem selbst etwas nicht, sollte man nicht schweigen und alles hinunterschlucken. – Man kann den Stress mit den Nachbarn vermeiden, wenn man stets höflich und zuvorkommend ist. – Viele Probleme lassen sich schnell lösen, falls man Kompromissbereitschaft zeigt. – Wenn man stets offen und höflich ist, gibt es in der Regel keinen Ärger mit den Nachbarn. – Es kommt zu ernsthaften Konflikten, falls man zu Zugeständnissen nicht bereit ist.
4. Es gibt Spannungen, wenn du die Nachbarn nie grüßt und bei Partys die Musik sehr laut stellst. Die Nachbarn regen sich garantiert auf, wenn du sie nicht vorher über die Party informierst. Es kann Probleme geben, wenn du über die Nachbarn lästerst und die Hausordnung nicht respektierst. Es ist kein richtiger Weg, wenn du dich bei jedem kleinen Problem aufregst und die Nachbarn nie auf eine Tasse Kaffee einlädst. Es kommt zu ernsthaften Konflikten, wenn du die Kinder der Nachbarn ständig schimpfst, wenn du die Katze der Nachbarn aus dem Garten jagst oder die eigenen Werbezeitungen in den Briefkasten der Nachbarn steckst. Und natürlich ist der Stress vorprogrammiert, wenn du die Winterreifen in der Waschküche lagerst und nie das Treppenhaus putzt.
5. Wenn *Mathias* Partys feiert, dann informiert er die Nachbarn mit einem Aushang oder einem Zettel im Briefkasten darüber. Und wenn es manchmal etwas lauter wird, bittet er auch um Entschuldigung und dreht ab Mitternacht die Musik leiser. – Wenn *Tinas* dreijähriger Sohn beim Spielen hüpft und herumschreit, beschwert sich die Nachbarin, die unter ihr wohnt. Wenn sie bei Tina anruft, dann lädt Tina sie zum Kaffeetrinken ein und sie reden über Kindererziehung und dünne Hauswände und Zimmerdecken. – Wenn *Sebastian* Saxofon üben muss, geht er zu seinen Eltern. Wenn die Nachbarn der Eltern genervt sind, dann schenkt er ihnen Konzertkarten oder eine Flasche Wein.

33 Nebensätze: Kausalsatz
Hunde, Katzen & Co.

1. Viele Menschen schaffen sich Haustiere an, weil sie sich mit einem Tier nicht so einsam fühlen / weil Kinder so einen Spielkameraden bekommen / weil sie dann regelmäßig spazieren gehen / weil Tiere viele Menschen faszinieren / weil man jemanden hat, mit dem man reden kann / weil Tiere ein Ersatz für Kinder sein können / weil man durch Haustiere auch andere Menschen kennenlernen kann. – Einige kaufen sich ein Haustier, weil ein Tier Menschen ruhiger, ausgeglichener macht / weil Tiere Menschen Freude bereiten / weil Menschen im Umgang mit Tieren Stress abbauen können / weil man die Verantwortung für andere zu übernehmen lernt / weil Tiere Menschen helfen können / weil Tiere gute und treue Freunde sind
2. *Pro:* Manche geben dem Wunsch der Kinder nach, denn Kinder mit einem Hund in der Familie zeigen bessere schulische Leistungen als Kinder ohne einen Hund / denn Kinder mit Hund machen länger und intensiver Hausaufgaben / denn sie sind weniger aggressiv und weniger egoistisch / denn sie sind aufgeschlossener für Meinungen anderer / denn ein Hund fördert Verantwortungsbewusstsein und Disziplin / denn ein Hund entwickelt die Fähigkeit, Probleme selbst zu lösen / denn er vermittelt seelische Ausgeglichenheit und Wohlbefinden.
Contra: Viele wollen keinen Hund, weil Hunde stinken, wenn sie nass sind / weil man ständig mit ihnen spazieren gehen muss / weil man regelmäßig zum Tierarzt muss / weil junge Hunde die Möbel zerkratzen / weil sie Schuhe zerkauen / weil sie viel Zuwendung, Beschäftigung, Pflege und Bewegung brauchen / weil sie viel Geld kosten.
3. Ohne die Erlaubnis der Eltern dürfen Kinder kein Haustier kaufen, denn laut Gesetz dürfen sie das in Österreich ab 14, in der Schweiz ab 16 und in Deutschland sogar erst ab 18 Jahren. – Viele Kinder wünschen sich ein Haustier, denn mit einem Haustier kann man schmusen und herumtollen. – Besonders am Anfang sind Kinder begeistert von einem Haustier, weil sie einen treuen Spielkameraden haben. – Später fällt Kindern die Pflege des Tieres oft zur Last, denn ausgewachsene Hunde oder Katzen sind nicht mehr so niedlich und süß wie junge. – Tiere können ganz schön

teuer werden, weil sie nicht nur Futter, sondern auch Dinge wie einen Futternapf, eine Leine, einen Korb oder Bürsten brauchen. – Viele Haustiere verwahrlosen, denn niemand kümmert sich mehr um sie. – Viele Tiere werden überfahren oder verhungern, weil sie von ihren Besitzern ausgesetzt werden.

4. Tiere wirken positiv auf die Gesundheit des Menschen, weil Tiere Lebensfreude schenken / weil sie die Emotionen stabilisieren / weil der Kontakt mit Tieren beim Menschen den Blutdruck senkt / weil das Streicheln von Tieren das seelische Wohlbefinden fördert / weil Menschen mit Tieren freundlicher und fröhlicher werden / weil Menschen mit einem Haustier seltener einen Arzt aufsuchen / weil sie bessere Cholesterinwerte als Menschen ohne Tiere haben / weil Tiere gute Therapeuten sind / weil sich der Herzschlag beim Tierhalter häufiger normalisiert / weil Tiere Ablenkung bei Depressionen schaffen.

34 Nebensätze: Kausalsatz

Erfolgreich selbstständig

1. Die meisten / Viele machen sich nicht selbstständig, weil sie einen geregelten Arbeitstag wollen / weil sie Struktur und Ordnung brauchen / weil sie viel Freizeit brauchen / weil Überstunden nichts für sie sind / weil sie nicht bereit sind, für Ihre Arbeit alles zu riskieren / weil sie nicht flexibel genug sind. – Einige / Viele machen sich selbstständig, weil sie risikofreudig sind / weil sie Verantwortung übernehmen können / weil sie viele Ideen haben und sie unbedingt realisieren wollen / weil sie im Notfall auf Urlaub oder Freizeit verzichten können / weil sie keine Angst vor wirtschaftlicher Unsicherheit haben / weil sie in der Arbeit Abwechslung und Kreativität brauchen.

3. Sie kann sich nicht selbstständig machen, denn ihr fehlt das nötige Geld. Sie will sich nicht selbstständig machen, weil sie einfach nicht bereit ist, aus der wirtschaftlichen Sicherheit auszusteigen, weil sie zwei Kinder hat und weil das Risiko einfach zu groß ist. – *Lars* ist selbstständig, weil er schon immer selbstständig sein wollte. Er ist selbstständig geworden, denn er wollte eigene Ideen umsetzen, Erfolg haben und auch seine Arbeitszeit frei einteilen. Er glaubt, seine Entscheidung war richtig, denn er ist finanziell unabhängig und muss keine Angst vor Arbeitslosigkeit haben. – Berufliche Selbstständigkeit ist nichts für *Katrin*, denn das Risiko ist einfach zu groß. Sie möchte das nicht, weil man sich immer um das Geschäft kümmern muss und weil die Gefahr, dass die Kunden wegbleiben oder dass man sich selbst überfordert, groß ist.

4. 49 % machen sich selbstständig, weil sie berufliche Frustrationen vermeiden wollen. – 45 % ..., weil sie mehr Unabhängigkeit wollen. – 34 % ..., weil sie ein höheres Einkommen wollen. – 26 % ..., weil sie mehr Erfolgserlebnisse brauchen. – 20 % ..., weil sie der Arbeitslosigkeit entfliehen wollen. – 15 % ..., weil sie ihre Karriere selbst in die Hand nehmen wollen.

5. Viele Menschen wollen sich nicht selbstständig machen, denn sie haben Angst vor Verantwortung. – Einige sind selbstständig, weil für sie berufliche Selbstständigkeit viel Freiheit bedeutet. – Selbstständigkeit ist nichts für mich, weil es oft keinen wirklichen Feierabend gibt. – Ich möchte mich selbstständig machen, weil ich ein kreativer Mensch bin. – Selbstständigkeit ist ideal für mich, denn ich kann sofort meine Ideen umsetzen. – Ich bin gern selbstständig, denn ich bin gern mein eigener Chef. – Viele machen sich selbstständig, weil sie sich verändern wollen.

6. Weil ich mich gelangweilt habe. – Weil ich eigene Ideen umsetzen und die eigene Karriere selbst bestimmen wollte. – Weil ich mich nach dem Studium nicht getraut habe. – Weil die Selbstständigkeit Vor- und Nachteile hat und weil ich Angst vor dem Risiko hatte. – Weil die berufliche Selbstständigkeit Mut und gute Nerven erfordert. – Weil es nicht leicht ist, Familie und Beruf unter einen Hut zu bringen.

35 Nebensätze: Kausalsatz

Auswandern

1. Viele wandern aus, weil die wirtschaftliche Lage im Heimatland nicht stabil ist. – Viele verlassen ihre Heimat, weil sie hoffen, anderswo einen Arbeitsplatz zu bekommen und Geld für ihre Familien zu verdienen. – Fachleute wandern aus, weil sie keinen Job finden können, der ihrer Qualifikation entspricht. – Junge Leute wagen den Neuanfang, weil sie in einem anderen Land auf eine bessere Ausbildung hoffen. – Ganze Familien verlassen ihr Heimatland, weil die Eltern ihren Kindern eine bessere Zukunft bieten wollen. – Einige gehen fort, weil sie in das Land ihrer Vorfahren zurückkehren möchten. – Viele wandern aus, weil sie in ihrem Land politisch oder religiös verfolgt werden. – Einige gehen in die Fremde, weil sie das Abenteuer suchen. – Manche gehen ins Ausland, weil sie sich ihren Lebenstraum realisieren wollen. – Vor allem jüngere Leute verlassen ihre Heimat, weil sie sich woanders bessere Möglichkeiten für ihre persönliche Entfaltung erhoffen.

2. 61 % der Auswanderer gehen fort, weil sie keine berufliche Herauforderung für sich in Deutschland sehen. – 43 % ...,. weil sie neue Menschen und Aufgaben reizen. – 20 % ..., weil sie mit ihren Verwandten zusammenziehen wollen. – 12 % ..., weil sie von einem Haus im Süden träumen. – 11 % ..., weil sie bessere Zukunftschancen für ihre Kinder suchen. – 7 % ..., weil sie auf wirtschaftliche Verbesserung hoffen. – 2 % ..., weil sie mit der politischen Situation unzufrieden sind.

4. *Sabine* ist in die USA ausgewandert, weil sie in Boston die Liebe ihres Lebens gefunden hat. Deshalb ist sie dort geblieben.- *Rolf* ist nach Australien ausgewandert, weil er neue Perspektiven gesehen hat. Er verließ Deutschland, weil er sich endlich seinen Lebenstraum erfüllen wollte, und zwar ein Restaurant eröffnen. In Deutschland könnte er sich das nie leisten. Deshalb ging er fort. – *Patrick* ist nach Neuseeland ausgewandert, weil er sich schon immer eine kleine Farm gewünscht hat, weil er Pferde züchten und ganz weit weg von großen Städten wohnen wollte. In Deutschland wäre das kaum möglich. Deshalb hat er das Land verlassen. – *Stefan* ist Diplomchemiker. Er ist nach Kanada ausgewandert, denn in Deutschland hatte er keine guten Aussichten. In Kanada hat er einen Job in einem weltweit bekannten Unternehmen mit besten Aufstiegschancen gefunden. Deswegen ist er ausgewandert.

5. Nicht alle Träume vom Auswandern erfüllen sich, weil sie schlecht informiert sind / weil sie ihre Reise schlecht geplant haben / weil sie sich überschätzt haben / weil das Klima ihnen gesundheitliche Probleme bereitet. – Manche Auswanderer erleben eine böse Überraschung, weil sie das Ausmaß der Kriminalität und Korruption unterschätzt haben / weil sie nichts von der schlechten ärztlichen Versorgung gewusst haben.

36 Nebensätze: Temporalsatz

Aller Anfang ist schwer

1. *Birgit, 52:* als – Wenn
Sabine, 49: Wenn – wenn
Christian, 32: Wenn – wenn
Wolfgang, 45: Als – Wenn – Wenn
Clarissa, 27: Wenn – wenn – Wenn

2. Fast jeder bekommt weiche Knie und Herzklopfen, wenn er zum ersten Mal verliebt ist. – Als ich klein war, war mein erster Berufswunsch Astronaut. – Mein Freund weinte fast vor Glück, als er seinen ersten Hund bekam. – Die meisten Menschen sind total nervös, wenn sie den ersten Tag an ihrem neuen Arbeitsplatz verbringen. – Als meine kleine Schwester in der ersten Klasse war, fand sie die Schule toll. – Als ich zum ersten Mal mit meiner Tochter beim Arzt war, hatte sie gar keine Angst. – Paulo aus Brasilien war völlig erstaunt, als er zum ersten Mal so viel Schnee sah.

– Als ich mit 12 zum ersten Mal ins Ausland flog, war ich extrem aufgeregt.
3. Wenn Jugendlich 18 sind, dürfen sie allein in Urlaub fahren. – Als ich ... war, bekam ich meinen ersten Job. – Als ich ... war, zog ich in meine erste eigene Wohnung. – Wenn Kinder erwachsen sind, sollten sie bei ihren Eltern ausziehen. – Als ich / meine Frau... war, bekam ich/sie mein/ihr erstes Kind. – Wenn man sich reif genug fühlt, sollte man Kinder kriegen. – Als ich ... war, lernte ich meinen ersten Freund / meine erste Freundin kennen.
4. Immer wenn ich etwas Neues anfangen muss, bin ich nervös. – Manchmal, wenn vor einer neuen Aufgabe stehe, bitte ich meine Mutter um Rat. – Ich hatte zum ersten Mal das Gefühl erwachsen zu sein, als ich ohne meine Eltern in Urlaub fuhr.- Wenn ich an meine ersten Jahre an der Uni denke, erinnere ich mich an meinen Mathematikprofessor. – Ich war sehr glücklich, als ich eines Tages die Zeitung aufschlug und dieses Stellenangebot entdeckte. – Ich war immer extrem aufgeregt, wenn ich frisch verliebt war. – Wenn ich etwas zum ersten Mal mache, lasse ich mir Zeit. – Als ich mit der Schule fertig war, fühlte ich mich frei und erwachsen.
5. Als ich 6 war, ging ich das erste Mal in die Schule. Und als ich 8 war, war ich schon richtig enttäuscht von der Schule. Als ich ins Gymnasium kam, stieg mein Interesse an der Schule wieder. Als ich in der 10. Klasse war, verliebte ich mich in unseren Geschichtslehrer. Immer wenn ich an ihn dachte, lief ich rot an, aber ich lernte wie verrückt. Als 16 war, wusste ich, dass ich einmal Geschichte studieren will. Und als ich 19 war, machte ich mein Abitur und ging nach Berlin.

37 Nebensätze: Temporalsatz
Kind und/oder Karriere?

1. Erst wenn man sich im Beruf etabliert hat, soll man Kinder kriegen. – Bevor die jungen Menschen nicht finanziell unabhängig sind, sollten sie mit den Kindern warten. – Seitdem ich Mutter zweier Kinder bin, führe ich ein ruhigeres und verantwortungsbewusstes Leben. – Man sollte am besten mit dem Kinderkriegen warten, bis man wirklich reif dafür ist. – Während Frauen ab 25 Kinder wollen, sind viele Männer richtige Kindermuffel. – Solange der Staat Familien mit Kinder nicht genügend unterstützt, wird die Geburtenrate weiter sinken.
2. Ich finde, dass man keine Kinder kriegen soll, bevor man nicht alles im Leben ausprobiert hat / bevor man nicht ausreichend Spaß im Leben gehabt hat / bevor man nicht viel herumgekommen ist / bevor man nicht geheiratet hat / bevor man sich nicht an den Partner gewöhnt hat / bevor man nicht genügend Geld gespart hat. – Viele junge Menschen werden Eltern, nachdem sie eine Ausbildung gemacht haben / nachdem sie einen guten Job gefunden haben / nachdem sie eine eigene Wohnung gefunden haben / nachdem sie viele Erfahrungen gemacht haben / nachdem sie das Leben auf die Reihe gekriegt haben.
3. *Annika, 44:* wenn – Als – wenn – Wenn
Christian, 48: als – Wenn
Sven, 28: wenn – Wenn – wenn
Christiane, 21: als – als – als – Wenn – wenn – Wenn
4. *Anna* hat für Kinder keine Zeit, solange sie Vollzeit arbeiten und mit vielen Überstunden rechnen muss. – *Sabine* will Kinder bekommen, wenn sie dazu bereit ist. – *Andreas* findet es unverantwortlich, Kinder zu kriegen, solange seine Zukunft noch unklar ist. – *Miriam* will mit dem Baby warten, bis ihr Freund und sie sich besser kennenlernen.

38 Nebensätze: Konzessivsatz
Beruf: Schauspieler/in

1. Viele wollen als Schauspieler arbeiten, obwohl es nicht leicht ist, in diesem Beruf erfolgreich zu sein. – Vor allem junge Menschen möchten Schauspieler werden, obwohl Schauspieler oft Schwierigkeiten haben, ein festes Engagement zu bekommen. – Viele können von ihrem Beruf nicht leben, obwohl sie die Schauspielschule mit Auszeichnung abschließen. – Viele Schauspieler möchten mit keinem gut verdienenden Geschäftsmann tauschen, obwohl sie oft auf Sicherheit, ein gutes Gehalt und regelmäßige Arbeitszeiten verzichten müssen. – Viele träumen von diesem Beruf, obwohl der Berufsalltag von Schauspielern aus Proben, Proben, Proben und wenigen Aufführungen besteht. – Junge Schauspieler verdienen nicht viel, obwohl sie oft vollen Einsatz bringen. – Manche junge Menschen sind für den Beruf nicht geeignet, obwohl sie viel Talent haben.
2. Für viele junge Menschen ist der Schauspielerberuf ein großer Traum, obwohl nur ganz wenige Schauspieler wirklich erfolgreich werden / obwohl Krisenzeiten und magere Jahre absolut normal sind / obwohl der Erfolg auch schnell wieder vorüber sein kann / obwohl man sich oft bei Rollenangeboten auf Kompromisse einlässt. – Viele träumen vom Beruf des Schauspielers / der Schauspielerin, obwohl das Schauspielerleben hart ist und man auf einiges verzichten muss / obwohl nicht jeder Gefeierte mit Ruhm und Erfolg wirklich umgehen kann. – Die meisten träumen von Ruhm und Reichtum, obwohl man sich neben der Schauspielarbeit überhaupt kein Privatleben leisten kann / obwohl man manchmal monatelang in irgendwelchen Hotelzimmern, weit weg von daheim lebt.
4. Obwohl Schauspieler selten ganz von ihrer Arbeit leben können, glauben alle fest an ihr Glück. – Obwohl der Schauspielerberuf sehr hart ist, träumen viele von einer Schauspielerkarriere. – Obwohl man als Schauspieler sehr früh Disziplin und Verzicht lernen muss, schreckt das junge Menschen nicht ab. – Obwohl die Arbeitslosigkeit unter den Schauspielern ziemlich hoch ist, träumt fast jeder zehnte Jugendliche von der Schauspielerkarriere. – Obwohl viele in anderen Berufen jobben, stürmen jedes Jahr Tausende von jungen Menschen die Schauspielschulen. – Obwohl nur ein Zehntel der Schauspieler wirklich regelmäßig in dem Beruf arbeitet, glauben alle, Talent allein genügt zum Erfolg. – Obwohl das Alter besonders bei Schauspielerinnen zum größten Problem wird, wollen viele junge Frauen in die Fußstapfen von Julia Roberts und Angelina Jolie treten. – Obwohl Ehen und Partnerschaften unter Schauspielern besonders instabil sind, sind die meisten bereit, mögliche Schwierigkeiten in Kauf zu nehmen. – Obwohl Schauspieler eine Menge Kritik und Niederlagen einstecken müssen, lassen sich die meisten nicht von ihrem Traumjob abbringen.
5. Ich wäre gern Schauspieler/in, obwohl der Beruf sehr hart ist. – Obwohl es oft Krisen und Enttäuschungen gibt, ist der Schauspielerberuf mein großer Traum. – Obwohl eine gute Ausbildung in einer renommierten Schauspielschule wichtig ist, gibt es auch viele Quereinsteiger. – Obwohl man als Ärztin oder Manager bestimmt mehr verdient, ist der Schauspielerberuf für viele junge Menschen ein großer Traum. – Obwohl es immer mehr Fernsehsendungen und Serien gibt, ist die Arbeitslosigkeit unter den Schauspielern ziemlich hoch. – Schauspieler sein klingt verlockend, obwohl nur wenige von ihrem Beruf leben können. – Viele träumen von einer Schauspielerkarriere, obwohl der Beruf viele Schattenseiten hat. – Nicht alle bekommen gute Rollenangebote, obwohl die meisten eine hundertprozentige Leistung bringen. – Talentierte junge Schauspieler glauben fest an ihr Glück, obwohl Talent und Einsatz allein auch nicht den Erfolg bringen. – Als Schauspieler ist man bereit, vieles in Kauf zu nehmen, obwohl man vor jedem Auftritt Lampenfieber hat und schrecklich nervös ist.

39 Nebensätze: Finalsatz
Richtig reisen

1. Man geht auf Reisen, um sich selbst zu finden / um Erfahrungen zu sammeln / um ein Abenteuer zu erleben. – Man macht Reisen, um sich weiterzubilden / um fremde Kulturen kennenzulernen / um aus dem Alltag zu fliehen / um unbekannte Länder zu besuchen. – Viele Menschen reisen, um exotische Gerichte zu probieren / um eine neue Sprache zu lernen / um den kalten Winter hinter sich zu lassen.

2. Reservieren Sie das Hotelzimmer vorher, um nicht lange suchen zu müssen. – Planen Sie den Urlaub zusammen mit dem Partner, um Streit zu vermeiden. – Kümmern Sie sich rechtzeitig um das Visum, um Stress bei der Passkontrolle zu vermeiden. – Packen Sie die Reisetasche ohne Eile, um nichts zu vergessen. – Lassen Sie sich impfen, um sich vor gefährlichen Krankheiten zu schützen. – Packen Sie nicht zu viel ein, um keine schweren Koffer schleppen zu müssen. – Kaufen Sie sich einen Reiseführer, um sich auf das Urlaubsland vorbereiten zu können. – Lernen Sie ein paar wichtige Wörter in der Landessprache, um sich verständigen zu können. – Packen Sie die Reiseapotheke ein, um kleinere Beschwerden selbst zu behandeln.

4. Bitten Sie einen Nachbarn die Post aus dem Briefkasten zu nehmen, damit keine Briefe verloren gehen. – Hinterlassen Sie Ihre Urlaubsadresse, damit Ihre Familie Sie im Notfall erreichen kann. – Bestellen Sie Zeitungs-Abos ab, damit Ihr Briefkasten nicht platzt. – Machen Sie Kopien von Pass und Kreditkarten, damit Sie bei Verlust einen Nachweis über Ihre Dokumente haben. – Informieren Sie sich über das Klima im Urlaubsland, damit Sie weder frieren noch schwitzen müssen. – Wiegen Sie Ihren Koffer vorher, damit Sie am Flughafen keinen Ärger bekommen. – Schließen Sie am Abreisetag alle Fenster und Türen, damit Einbrecher keine leichte Beute haben. – Stellen Sie Wasser und Strom ab, leeren Sie den Kühlschrank und bringen Sie den Müll weg, damit Sie Ihre Wohnung genau so vorfinden, wie Sie sie verlassen haben.

5. Manche Menschen verzichten auf eine Reise, um nicht im Stau zu stecken / um Geld und Energie zu sparen / um die Umwelt nicht zu belasten / um sich nicht in Massen in Hotels und Restaurants aufzuhalten / um nicht bestohlen zu werden / um gesundheitliche Probleme zu vermeiden / um sich nicht mit fremden Sprachen zu quälen. – Manche Menschen bleiben lieber zu Hause, damit ihr Nervensystem gesund bleibt / damit ihr Geld auf dem Konto bleibt / damit sie kein teures Hotel bezahlen müssen.

40 Nebensätze: Relativsatz
Was ist Heimat?

1. Heimat ist das Land, mit dem ich mich verwurzelt fühle. – Heimat ist der Ort, in dem ich mich wohl und frei fühle. – Heimat ist die Landschaft, von der ich in der Nacht träume. – Heimat ist die Sprache, ohne die ich mir mein Leben nicht vorstellen kann. – Heimat ist die Stadt, die mir vertraut ist und in der meine Freunde leben. – Heimat ist die Musik, die ich gern höre und die mich mit Stolz erfüllt. – Heimat sind meine Freunde, mit denen ich viel Spaß habe. – Heimat ist die Natur, an die ich mich sehnsüchtig erinnere. – Heimat ist meine Familie, die ich über alles liebe und vermisse. – Heimat ist meine Kindheit, an die ich oft denke.

2. *Sabine, 47:* was – die
Juliane, 56: an dem / wo – wo – die
Sebastian, 28: wo / in dem – das
Marianne, 19: an dem / wo – wo / an dem – an dem / wo – wo / an dem – wo / an dem
Mehmet, 28: wo / in dem – der – die
Irina, 63: der – der

3. die – die – die – der – wo – zu dem – der – wo

4. Das Heimatmuseum ist ein Museum, in dem Exponate über Kultur, Traditionen und Geschichte der eigenen Heimat ausgestellt sind. – Mein Heimatland ist das Land, in dem ich geboren und aufgewachsen bin. – Der Heimathafen ist der Hafen, in dem ein Schiff registriert ist. – Meine Heimatstadt ist die Stadt, in der mir alles vertraut ist. – Der Heimatfilm ist ein Film, der Landschaften und Traditionen der eigenen Heimat zeigt.

5. *Brigittes* Heimat ist Wien. Das ist die Stadt, wo sie geboren ist. Ihre Heimat ist auch ihre Wohnung, in der sie aufgewachsen ist und lebt, solange sie denken kann. Heimat ist für Brigitte der kleine Familienbetrieb, an dem sie hängt. – *Roberts* Heimat sind Dinge und Menschen, die er mag und kennt. So wie seine Lieblingskneipe, in der er oft mit seinen Freunden ist. – *Claudias* Heimat ist ein kleines Dorf in Norddeutschland, in dem ihre Großeltern leben, die sie als Kind immer in den Ferien besucht hat. Heimat verbindet sie auch mit Geschichten, die ihr ihre Oma vorgelesen hat, als sie noch klein war und die sie auch an ihre Kinder weitergeben will.

41 Nebensätze: Relativsatz
Traumberufe

1. Die meisten Menschen wünschen sich einen Job, bei dem man seine Interessen und Neigungen einbringen kann / der den eigenen Stärken und Neigungen entspricht / in dem man angemessen bezahlt wird / in dem man selbstständig arbeiten kann. – Viele träumen von einem Job, der einen herausfordert / der gute Zukunftschancen hat / bei dem man durch die ganze Welt reisen kann / der sehr breit angelegt ist und verschiedene Aspekte vereint / in dem man viel mit Politikern und Prominenten zu tun hat. – Für viele wäre der Traumjob ein Beruf, in dem man reich werden kann / bei dem man 12 Wochen Ferien im Jahr hat.

2. *Manuela, 28:* der – bei dem – der
Sven, 37: den – die – in der
Elvira, 42: der – für den – die
Jonas, 29: der – in dem

4. Als Empfangsdamen arbeiten meistens junge Frauen, die kontaktfreudig sind und mit Menschen umgehen können. – Eine Führungsposition erreichen oft diejenigen, für die Anerkennung von Kollegen und Vorgesetzten sehr wichtig ist. – Gute Pädagogen sind meistens Menschen, vor denen Jugendliche Respekt haben und von denen sie sich ernst genommen fühlen. – Als Künstler sollten Menschen arbeiten, die eine kreative Ader haben. – Für eine Tätigkeit in der Werbebranche ist derjenige geeignet, für den Abwechslung und Fantasie im Job besonders wichtig sind. – Für die Sozialarbeit bewerben sich junge Männer und Frauen, die mit unterschiedlichen Menschen umgehen und auf diese auch eingehen können.

5. Schriftsteller ist ein Beruf, für den ein umfangreicher Wortschatz und gutes Sprachgefühl die notwendigen Voraussetzungen sind. In diesem Beruf arbeiten diejenigen, die diszipliniert sind und ihre Zeit gut einteilen können. – Journalist/Journalistin kann jemand werden, der belastbar und mobil ist und ein „dickes Fell" hat. In diesem Beruf können Menschen arbeiten, die ein großes Organisationstalent, Zielstrebigkeit und Durchsetzungsvermögen besitzen und die Fremdsprachen sprechen. – Als Architekt/Architektin sollten Menschen arbeiten, die ein gutes räumliches Vorstellungsvermögen haben und mathematisch denken können. Für diesen Beruf bewerben sich diejenigen, die Neugier, Teamgeist und Kreativität besitzen und offen für alles Neue sind. – Arzthelfer/Arzthelferin kann jemand werden, der kontaktfreudig und verantwortungsbewusst ist. Das ist ein Job, für den Ordnungssinn, Flexibilität und Engagement sehr wichtig sind. Um diesen Job bewerben sich Menschen, die körperlich und psychisch belastbar sind.

42 Präpositionen
Mehrsprachigkeit – (k)ein Problem?

1. *Andreas, 34:* auf – mit – *Brigitte, 51:* von – *Christoph, 17:* Mit – mit – *Karin, 32:* zu – mit – für

2. In unserer Zeit entscheiden sich immer mehr Menschen für mehrere Fremdsprachen. – Dabei geht es um gute Ausbildungs- und Berufschancen für junge Leute. – Einige zweifeln aber am Sinn von Mehrsprachigkeit. – Bei mehrsprachigen Kindern kommt es häufig zur Vermischung der Sprachen im Gespräch. – Viele Politiker bemühen sich um den Abbau von Barrieren in der Kommunikation zwischen Menschen. – Schulen und Universitäten machen sich ernsthaft Gedanken über die Vorteile der Mehrsprachigkeit bei der Jobsuche.

4. an – über – um – nach – an – über – dafür – über – zu
auf – vor – auf – auf – mit
um – auf – auf – damit – mit
über – von – für – an

43 Präpositionen
Was ist wichtig im Leben?

1. *Julian, 32:* für – mit – an – für – an
Sebastian, 18: von – an – auf
Ines, 22: mit – mit – auf
Urs, 46: um – über – auf – um

2. Viele Menschen haben Angst vor Krankheiten / vor dem Krieg / vor Naturkatastrophen / vor Hilflosigkeit im Alter / vor finanziellen Problemen. – Einige fürchten sich vor Einsamkeit / vor dem Fliegen / vor tiefem Wasser / vor großen Höhen / vor Käfern, Spinnen, Schlangen oder Mäusen.

3. *Andreas* freut sich über Einladungen zu Partys. Er ärgert sich über schlechte Politiker. – *Christina* freut sich über jeden neuen Tag. Sie ärgert sich über unfreundliche Menschen. – *Vera* freut sich über gute Filme und gute Bücher. Sie ärgert sich über die Unpünktlichkeit ihres Freundes. – *Sebastian* freut sich über seine neue Wohnung. Er ärgert sich über Zugverspätungen. – *Bernd* freut sich über seine gute Gesundheit. Er ärgert sich über hohe Managergehälter. – *Sigrid* freut sich über ihren neuen Freund. Sie ärgert sich über die Baustelle in ihrer Straße.

5. Wovon – Worauf – Womit – Worüber – Womit – Woraus – Wofür – Woran – Worüber – Woran – Woran – Worüber – Wonach – Wovor – Worüber – Worauf – Worüber – Wovor – Woran

44 Konjunktiv II
Wenn ich keine Freunde hätte …

1. Wenn ich keine Freunde hätte, säße ich oft zu Hause herum und langweilte mich / hätte ich niemanden, mit dem ich richtig lachen kann / hätte ich weniger Spaß am Leben / bekäme ich mehr Schlaf / gäbe ich nicht so viel Geld für Geburtsgeschenke aus / ginge ich seltener aus. –
Ohne Freunde hörte ich weniger Tratsch und Klatsch / müsste ich mich nicht über geplatzte Verabredungen ärgern / würde die Telefonrechnung sehr viel billiger / erzählte mir keiner mehr die neuesten Witze

2. *Karen, 19:* hätte – wäre – fände – *Steffi, 22:* hätte – gäbe – gefiele – *David, 28:* hätte – riefe an – käme vorbei – säße – hätte – wäre – ginge – *Silvana, 48:* fühlte mich – hätte – redete – unterstützte – *Toni, 31:* könnte einschlafen – läge – dächte nach – wäre

3. Er/Sie wäre nicht mein bester Freund / meine beste Freundin, wenn er/sie mich hinterginge / wenn er/sie mich belügen würde / wenn er/sie mich im Stich ließe / wenn er/sie mir nicht zuhörte / wenn er/sie mich nicht in den Arm nähme, um mich zu trösten / wenn er/sie sich mit mir nicht prima verstehen würde / wenn er/sie nicht immer hinter mir stünde, egal was passiert / wenn er/sie nicht immer für mich da wäre / wenn er/sie nicht mit mir durch dick und dünn ginge / wenn er/sie nicht für mich seine/ihre Hand ins Feuer legen würde.

4. Wenn *Monika* die Geheimnisse, die ihre Freundin ihr anvertraut hat, nicht weiter erzählt hätte, wäre die Freundschaft nicht in die Brüche gegangen. – Wenn *Verena* nicht immer eifersüchtig gewesen wäre, hätte sie ihre Freundin nicht verloren. – Wenn *Bastian* sich nicht manchmal über seinen Freund geärgert hätte und das nicht immer hinuntergeschluckt und nie offen darüber gesprochen hätte, hätte die Freundschaft gehalten. – Wenn *Christina* ihrer Freundin einen kleinen Fehler verziehen hätte, hätte sie immer noch Kontakt. – Wenn *Sabine* für ihre Freundin da gewesen wäre, als sie sie brauchte, und nicht zu sehr mit sich selbst beschäftigt gewesen wäre, hätte sie ihre Freundin nicht verloren.

45 Konjunktiv II
Leben ohne Internet?

1. *Patrick, 64:* wäre – liefe – riefe an – ginge
Claudia, 38: gäbe – säße – wüsste – sollte – riefe an – ginge – gefiele
Birgit, 32: besuchten – hätten – unterhielten uns – täte

3. *Martina, 60:* Wenn ich … kein Internet hätte, würde ich endlich Zeit für meinen Garten finden. Und es wäre nicht schlecht, wenn ich meine Lieblingsfilme auf Video ansehen würde. Vielleicht hätte ich sogar weniger Probleme mit den Augen.
Bernd, 49: Wenn ich … kein Internet hätte, würde ich endlich mehr Sport treiben und weniger zu Hause sitzen. Vielleicht ginge ich öfter aus. Und es wäre nicht schlecht, wenn ich reale Menschen im Café oder beim Tanzen kennenlernen würde.
Anna, 41: Wenn ich … kein Internet hätte, würde ich endlich gesünder leben, auf dem Markt einkaufen. Es wäre nicht schlecht, wenn ich mehr Fahrrad fahren würde. Vielleicht träfe ich mich mit Freundinnen und wir machten Ausflüge zusammen.

4. Es käme nicht zu finanziellen Problemen, Verschuldung, schulischem oder beruflichem Abstieg. Ohne Internet wären die jungen Menschen nicht so computerabhängig und sie würden weniger Computer spielen. Den Großteil ihres Alltages würden Kontakte mit Gleichaltrigen einnehmen.